达人带路！ 新加坡游透透！

新加坡

好吃好玩真好买

《好吃好玩》编写组 编著

中国旅游出版社

新加坡·好吃 好玩 真好买
CONTENTS 目录

2 新加坡河 040

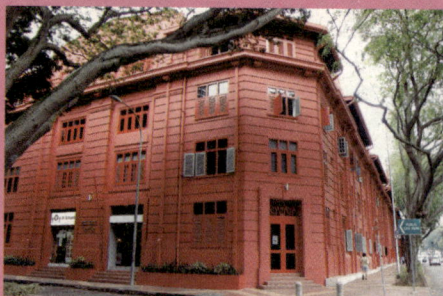

11 芽笼士乃 166

12 樟宜村 175

新加坡·好吃 好玩 真好买
SINGAPORE 推荐

Part 1 新加坡吃玩买，开始！

Part 2 搭乘公交，玩遍新加坡！

Part 3 新加坡入境攻略！

Part 4 必玩必吃必买！新加坡旅行胜地 10选！

600

Part1

新加坡吃玩买,开始!

印象

　　毗邻马来西亚的新加坡地处南海、马六甲海峡和印度洋交汇处,是一个美丽的花园城市国家。融合了古老传统与现代都市特色的新加坡是亚洲最重要的金融、服务和航运中心之一,华美典雅的店屋洋楼与摩天大楼相映生辉,蜿蜒流淌的新加坡河每到夜幕降临就会亮起点点灯火,璀璨光影和鲜花装饰着这个城市国家,令每一个到访的游人印象深刻。

地理

　　新加坡地处热带,位于马来半岛南端,同马来西亚之间相隔柔佛海峡,其领土包括新加坡岛及附近63个小岛,总面积712.4平方公里,其中新加坡岛占全国总面积的88.5%,平均海拔15米,最高海拔163米,海岸线全长193公里。

气候

　　新加坡属热带海洋性气候,全年没有明显四季之分,空气湿度大且高温多雨,年平均气温26℃～27℃。

区划

　　新加坡国内分为东区、东北区、中区、北区和西区5个行政区。

人口及国花

　　新加坡现有常住人口约507.6万人。国花为胡姬花(卓锦、万代兰)。

Part 2

搭乘公交,玩遍新加坡!

地铁

拥有多条线路的新加坡地铁总长110公里,运营时间为5:30至次日0:30,是新加坡最方便快捷的交通工具。新加坡地铁车站全部采用自动售票机售票,地铁单程票起价1新元,依距离远近逐级递增,另外还有1新元的押金,乘客在出站时可将使用过的车票放入售卡机左上方的插口即可取回押金。在新加坡观光的游客可以选择购买由新加坡旅游局推出的新加坡观光通行证,每日8新元并另付10新元的押金,可全天无限次搭乘地铁、轻轨和公交车,还可在购物、用餐、住宿时享受各种优惠。

公交车

新加坡市内运行的公交车分为空调和非空调两种,其中空调车票价0.9新元到1.8新元,非空调车票价0.8新元至1.5新元。此外,新加坡还有适合观光游客,途经乌节路、白沙浮购物广场、新达城、市中心、驳船码头、牛车水、小印度和新加坡植物园等地的新航观光巴士,每隔30分钟一班,车票6新元。

出租车

新加坡出租车不能在路旁招手随时停车,乘客可以在饭店或购物中心的出租车站排队乘车,也可拨打电话叫车,但需加收3新元。新加坡出租车起价2.8新元至3新元,24:00至次日早6:00需加收50%车费,7:00至9:30,17:00至20:00的高峰期则需加收35%的车费。周一至周五17:00至20:00如果在中央商务区乘出租车加收1新元车费;元旦、圣诞节、开斋节、屠妖节前夕18:00至24:00、农历除夕18:00至正月初二24:00都要加收1新元车费。

Part 3
新加坡入境攻略！

① 如何办理赴新旅游观光手续及注意事项

　　新加坡对中国所有地区开放了中国公民的赴新团体旅游，中国公民在前往新加坡观光旅游时需持由中华人民共和国公安部颁发的有效护照，去新加坡驻华大使馆与领事馆办理签证申请。个人旅游签证可以通过新加坡驻华使领馆进行申请，具体办理手续如下：

赴新旅游	
申请资格	全国所有地区的公民都可以申请团体赴新旅游。
所需材料	护照：有效期应在六个月以上（从入境日期开始计算），并至少有一张空白签证页。同时提交护照照片页复印件。 Form 14A签证申请表格（原件）：一份用英文填写完整，并有申请者亲笔签名的申请表格。申请表格可在网上下载（http://www.mfa.gov.sg/beijing）。 彩色照片：二张（一张贴在表格上，另一张供扫描用）。照片应符合下列要求： 两寸，彩色，白底 的三个月内的近照； 正面免冠（如按特殊宗教或风俗要求戴帽或配饰，帽子或配饰不得掩盖申请者面部特征）。 中国身份证：原件及复印件。（注：申请商务签证者，只需复印件） 签证费（概不退还）：人民币153元(请自备零钱)。

所需材料	签证申请者必须本人亲自来本馆递交申请。以下情况除外： 若申请人未满16周岁，可由其父母代办，但必须出具能证明其关系的出生公证书或户口本和父母身份证（原件及复印件）； 如申请人已退休或60周岁以上，可委托他人办理，但需提供本人退休证原件、复印件及委托书（注明被委托人的姓名和身份证号码）。被委托人必须携带自己身份证原件并提交复印件； 如申请人由在华的新加坡公民或新加坡永久居民作介绍，介绍人(必须21周岁以上）需亲自来本馆递交申请，并提供填好的 V39A表格原件（介绍信）及其新加坡身份证或护照的原件及复印件； 申请商务签证者。 在职证明：申请人若为在职员工，必须提供由就职公司出具的在职证明信原件一份。证明信中需注明公司同意其休假，并详细注明申请者在该公司任职时间、职务及工资。在职证明信必须列有公司及有关联系人的地址、电话和传真号码。信函必须加盖公章。申请人若无工作，则必须提供证明其个人经济状况的文件，如银行存款证明，房产证等(原件及复印件)。银行存款证明的金额没有具体要求但银行签发日期必须是签证申请递交日期的2个星期内。此证明应能够如实的反映您的经济能力。 户口簿：申请者户口簿（全本，每页：原件及复印件）。如为集体户口，可在警察局办理户籍证明，并提供原件及复印件。
停留时间	最长30天，实际期限由入境时由移民与关卡局官员决定。
所需费用	签证费人民币153元，不退还，不找零，申请人有可能在申请被批准前要求缴纳人民币5100元/每人的担保金。
签证递交及领取时间	周一至周五上午9：00至11：00（只受理材料递交）周一至周五下午4：00至4：30（只受理签证领取）
签证办理时间	一般三个工作日（递交申请日包含在内）
注意事项	1.申请表格也可从http：//www.ica.gov.sg下载。 2.申请材料原件在签证窗口审核后会立即返还给申请者。 3.未填好的表格、材料不齐或不符合要求有可能导致拒签或推迟受理。 4.签证申请是否被批准，及批准的有效期限都由签证官根据申请者个别情况决定。 5.申请者应在签证批准后再购买机票。凡因提前购买机票而签证未被批准所造成的经济损失，本馆对此不负责任。 6.签证的签发日期一般是签证的申请日，签证一旦被签发其有效期将不再变更。申请者不应过早递交申请材料。若签证已过期，申请者须重新递交申请材料。申请者在领取签证时，应仔细核对签发日期及签证有效期。建议申请者在出国前一至二周递交申请。 7.签证持有者并不一定可以入境新加坡。签证持有人须符合入境规定方可准许入境，如有效护照，足够的资金和往返机票。新加坡移民与关卡局官员有权决定其是否可入境。 8.新加坡移民与关卡局官员在签证持有者入境时决定其停留天数。申请者应留意护照的入境章和批准的停留期限。

*上述介绍仅供参考，具体申请手续以当地有关部门公布的规定为准。

火车

新加坡丹戎巴葛火车站毗邻地铁丹戎巴葛站，是新加坡的铁路交通枢纽，每天都有火车从这里发出开往马来半岛西岸的吉隆坡、新山、怡保等主要城市。此外，途经新加坡、马来西亚和泰国之间的豪华列车E&O东方快车也在丹戎巴葛站发车，列车以美食、周到服务和豪华装饰闻名。

❸ 在新加坡需要注意的旅行生活常识

游客抵达新加坡机场之后要办理检疫和入境手续，并在入境时向入境检查员出示入出境卡片和护照。由于新加坡地处赤道附近，因此阳光强烈，夏季去旅游的时候需要准备防晒用品。新加坡货币为"新加坡元"（简称"新元"），人民币在新加坡不能直接兑换，最好在中国兑换一定

❷ 如何前往新加坡

飞机

新加坡樟宜国际机场是东南亚最大的机场之一，从马来西亚吉隆坡飞往新加坡的穿梭航班每小时一班，非常便利。中国游客可以从北京、广州、上海、厦门、深圳、汕头、合肥等城市乘直达航班飞往新加坡。

樟宜国际机场平均每隔15分钟就有Maxi Cab为游客提供市区内旅馆和机场之间的服务，游客可以在中央商业区内任意一处下车，票价7新元。从樟宜机场前往新加坡中央商务区和市政厅一带的城市快捷运输（MRT）平均每12分钟一班，车程大约30分钟，票价2.5新元。

数额的新元或美元，但中国的银联卡可以在新加坡直接使用。

新加坡是一个多民族聚居的国家，各种宗教的教堂、寺庙分布在城市的大街小巷，游客需要注意在新加坡寺庙和清真寺时，衣着必须端正，手脚都得有衣物遮盖；访问印度教寺庙和清真寺需要在进门之前脱鞋，到本地人家里做客也是如此；在吃印度餐或马来餐时需要用右手。

作为世界上最清洁的城市之一，新加坡严禁在任何公共场所吸烟，随地吐痰和弃物、翻越栏杆等都会被罚款，而口香糖在新加坡严禁携带食用，违反也会被罚款，需要特别注意。

常用电话

意外（普通）：999
意外（海事）：65—63252488
火警、救护车：995

新电信查号台：100
机场航班咨询：65—65424422（自动）
　　　　　　　65—65412302（人工）
天气预报：65—65427788
传染病通报：65—67319757
交通事故报告：65—65476242，65476243
圣陶沙旅游咨询：65—67368672

中国驻新加坡大使馆

地址：东陵路150号
电话：65—64180252

旅游咨询机构

新加坡旅游局驻北京、上海、广州办事处电话
北京：010—58793388
上海：021—52985688
广州：020—38911911
中国驻新加坡旅游办事处
电话：65—63372220

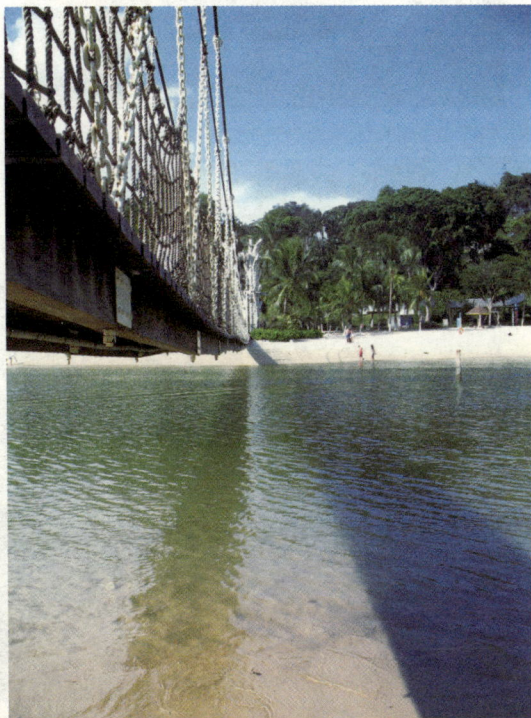

Part 4 必玩必吃必买！
新加坡旅行胜地10选！

1 鱼尾狮公园

位于新加坡河河畔的鱼尾狮公园是新加坡面积最小的公园，园内屹立在新加坡河河口处的鱼尾狮像高8米，早已经成为新加坡的标志和象征，与园内不远处另一座同样会喷水的小鱼尾狮像相映成趣，吸引了众多游人慕名而来。

2 新加坡河

蜿蜒流淌的新加坡河贯穿整个城市，是新加坡唯一的一条河流，被誉为新加坡的母亲河。总长4公里的新加坡河两岸林立着众多百年历史的老建筑。乘坐驳船欣赏沿河的风景，或是在岸边沿河游览都可感受这条河的独特魅力。

③ 市政厅

建于1929年的新加坡市政厅是远东地区最古老的荷兰建筑之一，外观典雅的市政厅见证了新加坡众多历史上的重要时刻，如1945年英国接受日本投降，1965年李光耀宣布新加坡独立等重大事件，是新加坡迈向自治、独立的议会共和制的重要里程碑。

④ 新加坡国家博物馆和画廊

建成于1887年的新加坡国家博物馆和画廊是新加坡规模最大、历史最悠久的博物馆，共分为历史馆、文化生活馆和临展厅三部分，可通过馆内珍藏的各种展品和图像文字资料了解丰富多彩的新加坡历史。

⑤ 新加坡摩天观景轮

高165米的新加坡摩天观景轮建于2008年，是全世界规模最大的摩天观景轮之一，同时也是新加坡全新的旅游标志。乘坐摩天轮可以欣赏新加坡滨海湾的美丽风光，还可欣赏夕阳沉入海面的美景，深受情侣欢迎。

⑥ 乌节夜市

每到夜晚，乌节路都会亮起五彩缤纷的霓虹灯，各种知名与不知名的乐队尽情演奏，音乐声中伴随着阵阵诱人的香气，可以品尝各种新加坡特色小吃和美食，还有冰凉的啤酒和果汁，是新加坡别具特色的夜生活休闲方式。

7 牛车水

作为新加坡华人移民最早的聚集地，1828年由莱佛士划为华人居住区的牛车水是新加坡华人移民的文化中心，街道小巷中随处都充满浓浓的华人气息，众多繁华的小巷以及始建于"二战"前传统风格的店铺沿街林立。是新加坡著名的"唐人街"。

8 文东记

1979年开业的文东记是新加坡最有名的海南鸡饭餐厅，文东记的海南鸡饭鸡肉滑嫩鲜香，拥有大批忠实Fans，开有多家分店，其中新达城喷泉平台的文东记分店由于交通便利，深受观光游客欢迎。

9 大东酒楼

开业于1928年的大东酒楼迄今已有80余年历史，酒楼内的四面墙壁上挂满了众多历史照片和名人题字，向每一位食客展示其悠久的历史。大东酒楼的招牌菜烤鸭鸭皮香脆可口，鸭肉肥而不腻，此外咖啡排骨王和生汁虾球等招牌菜也不可错过。

10 城联广场

全长7公里的城联广场是新加坡第一条地下商业步行街，同时也是全新加坡规模最大的购物街，沿街两侧林立着众多别具特色的商家和精品服饰店，堪称购物一族的天堂。

1 新加坡行政区

1 新加坡行政区

PLAY

好玩

① 市政厅

见证新加坡的历史 ▮推荐星级 ★★★★★

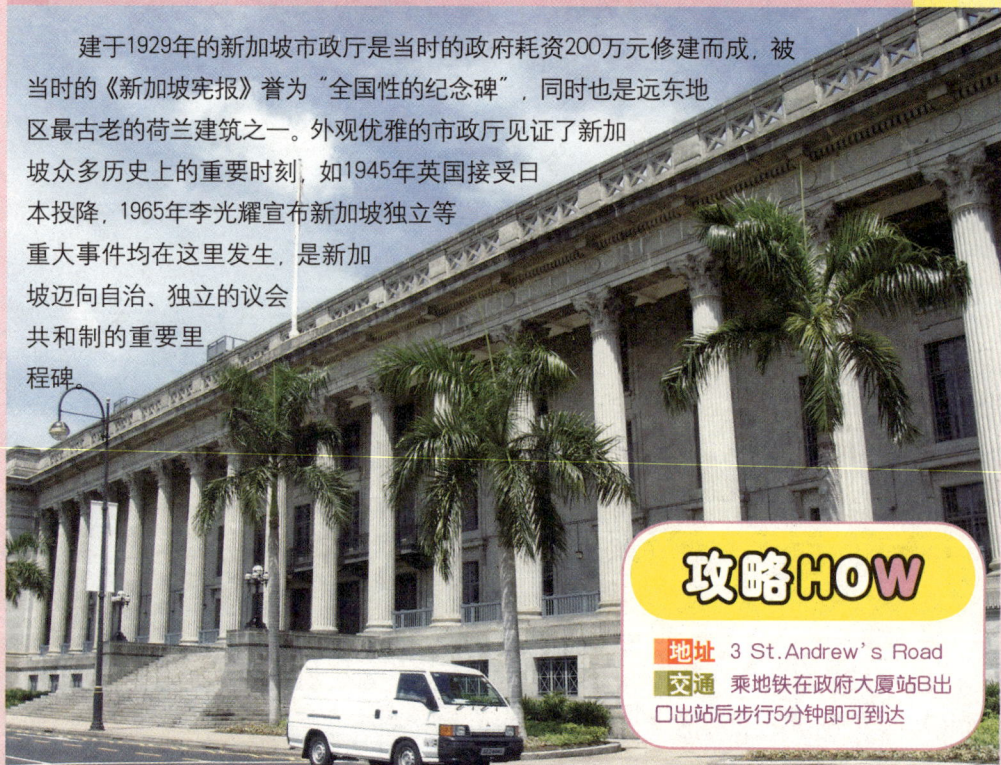

建于1929年的新加坡市政厅是当时的政府耗资200万元修建而成，被当时的《新加坡宪报》誉为"全国性的纪念碑"，同时也是远东地区最古老的荷兰建筑之一。外观优雅的市政厅见证了新加坡众多历史上的重要时刻，如1945年英国接受日本投降，1965年李光耀宣布新加坡独立等重大事件均在这里发生，是新加坡迈向自治、独立的议会共和制的重要里程碑。

攻略HOW

地址 3 St.Andrew's Road
交通 乘地铁在政府大厦站B出口出站后步行5分钟即可到达

最高法院

新加坡的地标性建筑之一 ▋推荐星级 ★★★★★

　　毗邻新加坡市政厅的最高法院建成于1939年，是新加坡晚期英国殖民风格建筑的代表之一，其青铜色的圆顶早已成为新加坡的标志性建筑之一。最高法院山形墙壁上的浅浮雕由意大利艺术家Calvalieri Rudolfo Nolli设计，描绘了正义女神惩恶扬善的故事，象征了法院的公正与无私。

攻略HOW

▋**地址** 1 St.Andrew's Road
▋**交通** 乘地铁在政府大厦站B出口出站后步行大约5分钟即可到达

新加坡行政区

3 旧国会大厦

新加坡首次国会会议举办地 ▌推荐星级 ★★★★

由乔治·科尔曼设计建造的旧国会大厦建于1827年，是新加坡最古老的殖民时代政府建筑，在新加坡独立后作为国会大厦，首届新加坡国会会议就在这里举行。现今由于新国会大厦建成使用，旧国会大厦更名为旧国会大厦艺术之家，设有小型电影院、音乐厅、黑盒子剧场等一系列高科技展览厅，为人们展现了国内外艺术家所创造的现代视觉艺术。

攻略HOW

■**地址** 1 Old Parliament Lane

■**交通** 乘地铁在政府大厦站B出口出站后步行5分钟即可到达

THE ARTS HOUSE AT THE OLD PARL

1 Restaurant 1827 Thai 旧国会大厦内的美味料理

Restaurant 1827 Thai位于旧国会大厦内，餐厅大门外装饰着暹罗国王赠送给新加坡的青铜雕像，内部大量采用红色装饰，并悬挂有金黄色的帷幕和新加坡古典吊灯，充满雍容华贵的宫廷氛围，在参观旧国会大厦之余，游人不妨来这里品尝正宗的泰国美食。

4 新闻及艺术部大厦

充满艺术感的古典主义风格建筑 ▌推荐星级 ★★★★

新加坡新闻及艺术部大厦是一幢具有浓郁新古典主义风格的建筑，这里最初曾经是英国殖民统治时期的禧街警察局，在1998年被列为新加坡国家历史文物，大厦最吸引人的是外墙上近千扇五彩斑斓、错落有致的七彩百叶窗，与大厦外墙一同构成一幅极具美感的绚丽画卷。现今在新闻及艺术部大厦内开有多家画廊，展示了来自世界各地的艺术品，充满强烈的艺术表现力。

攻略HOW

地址 140 Hill Street

交通 乘地铁在政府大厦站B出口出站后步行大约5分钟即可到达

5

圣安德烈大教堂

新加坡最古老的教堂 ▌推荐星级 ★★★★★

攻略HOW

地址 11 St.Andrew's Road

交通 乘地铁在政府大厦站B出口出站后步行大约5分钟即可到达

电话 65-63376104

圣安德烈大教堂位于繁华的闹市区中，是新加坡历史最悠久的一座教堂，外观为典型哥特式风格的圣安德烈大教堂拥有洁白的外墙和高大的尖顶，教堂的塔楼高达63米，可以在这里一览周围的街道风光。

6 亚美尼亚教堂

华美的维多利亚式建筑 ▌推荐星级 ★★★★

19世纪初期来到新加坡的亚美尼亚移民为纪念圣人格里高利而修建的亚美尼亚教堂历史悠久，是一幢外观华美的维多利亚式建筑，其圆弧造型和白色的外墙充满神圣庄严的气氛。亚美尼亚教堂内的装饰朴素大方，

攻略HOW

地址 60 Hill Street
交通 乘地铁在政府大厦站B出口出站后步行大约10分钟即可到达

许多器物都是教堂建立之初就一直摆放至今，而教堂后的墓地除了新加坡的亚美尼亚族群后裔，也有众多历史名人安眠于此。

7
新加坡艺术博物馆

东南亚第一座国际标准美术馆 ■推荐星级 ★★★★★

攻略HOW

地址 71 Bras Basah Road
交通 乘地铁在政府大厦站A出口出站后步行10分钟即可到达
电话 65-63323222
门票 3新元

　　1996年开馆的新加坡艺术博物馆是东南亚地区第一座国际标准的美术馆，其前身是新加坡神甫Jean Marie Beurel在1852年创立的St.Joseph´s教会，现今辟为博物馆后依旧在二层保留有当年教会的礼拜堂。新加坡艺术博物馆内共收藏了超过6500件艺术品，其中众多东南亚地区的艺术品展示颇为别致，不可错过。

8 新加坡国家博物馆和画廊

新加坡最大最古老的博物馆 ▌推荐星级 ★★★★★

新加坡行政区

攻略HOW

地址 93 Stamford Road

交通 乘地铁在多美歌站B出口出站后步行10分钟即可到达

电话 65-63323659

门票 10新元

建成于1887年的新加坡国家博物馆和画廊是新加坡规模最大、历史最悠久的博物馆，其前身曾经是新加坡公共机构图书馆。辟为博物馆后成为主要展示新加坡历史文化的展馆，共分为历史馆、文化生活馆和临展厅三部分，拥有各种珍贵展品，并利用现代科技，通过各种影音图像展示给游人丰富多彩的新加坡历史。

9 福康宁公园

最著名的新加坡休闲公园 ▌推荐星级 ★★★★★

攻略HOW

地址 51 Canning Rise
交通 乘地铁在多美歌站A出口出站后步行5分钟即可到达
电话 65-63321302

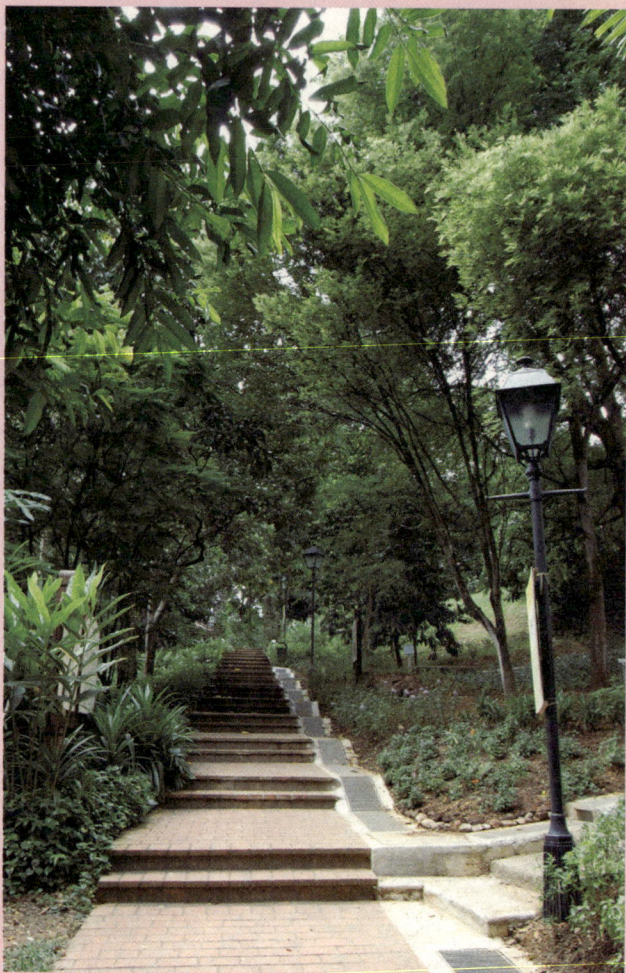

福康宁公园是新加坡最著名的休闲公园，其前身曾经是英国殖民统治新加坡时修建的军事基地，现今公园内依旧有大量防御工事保存完好，此外在公园内还有一座博物馆，收藏展示了自英国统治以来的在这里被发掘出来的历史文物，同时还有不少"二战"期间的军用物品。此外，福康宁还是新加坡最著名的室外表演场所之一，吸引了无数演艺明星来此表演。

1 香料园 福康宁公园内最著名的景点

香料园是福康宁公园内最著名的景点，园内种植的花草树木多是出产各式香料的植物，此外也有大量珍稀植物，非常值得观赏。

10 碉堡

"二战"时英军的军事指挥中心 ▍推荐星级 ★★★★

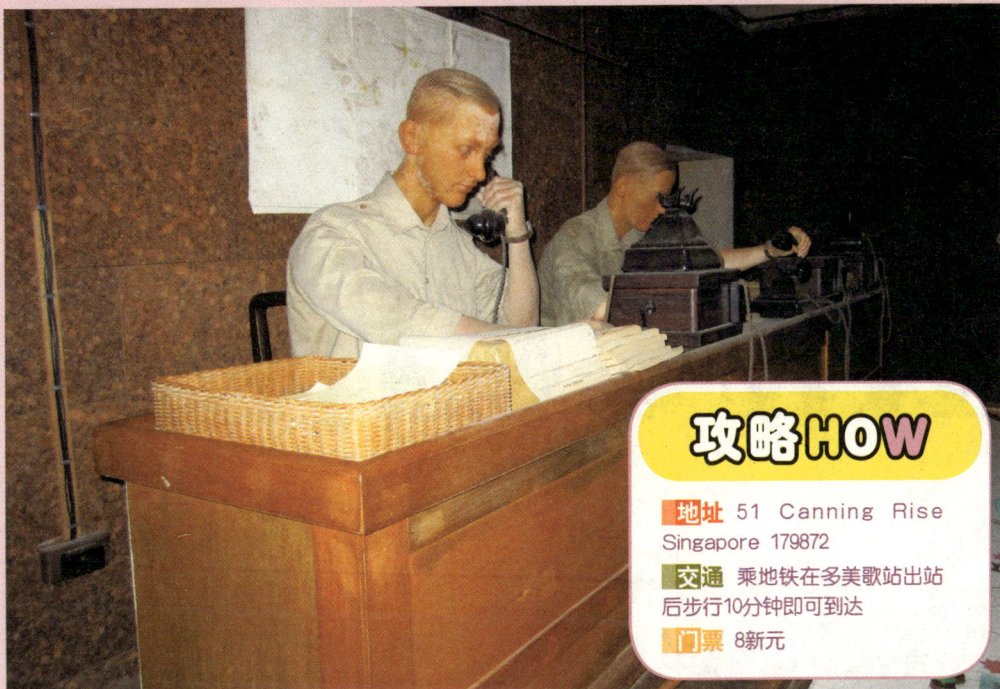

攻略HOW

地址 51 Canning Rise Singapore 179872

交通 乘地铁在多美歌站出站后步行10分钟即可到达

门票 8新元

在第二次世界大战期间，碉堡曾经是英军在马来半岛地区的军事指挥中心，这片修建在地下深处的军事堡垒不仅可以抵御敌军的轰炸，还能有效防止化学武器攻击，是新加坡著名的军事建筑群。现今的碉堡内依旧保持着英军指挥时的样子，参谋室内的巨大沙盘上描绘出整个新加坡防务体系，而影音室内则应用最先进的视听设备将关丹海战后英国军队在日军攻击下的一路溃败和1942年2月15日清晨日军攻陷新加坡的情形淋漓尽致地再现出来。

II 新加坡总统府

新加坡的总统官邸 ▌推荐星级 ★★★★★

攻略 HOW

地址 Orchard Street
交通 乘地铁在多美歌站出站后步行1分钟即可到达
门票 新加坡公民和永久居民免费，外籍游客1新元

　　新加坡总统府名为Istana，在马来语中是皇宫、宫殿的意思，迄今已有140年历史，其前身曾经是英国殖民期间修建的一座白色三层官邸。戒备森严的新加坡总统府汇集了多种建筑风格，四周有雕刻精美的柱子，极富古典韵味。自1995年至今，总统府都会定期对公众开放参观，官邸内的大片园林栽植有众多珍稀植物，并饲养各种鸟类，还可在参观的同时了解总统府的历史。

I2 齐智庙

新加坡最具代表性的印度教寺庙之一 ▌推荐星级 ★★★★

攻略 HOW

地址 15 Tank Road
交通 乘地铁在多美歌站出站后步行3分钟即可到达
电话 65-62274891

　　建于1984年的齐智庙是新加坡最具代表性的印度教寺庙之一，这座由富商集资兴建的寺庙前立有23米高的牌楼，上面雕刻有印度教诸神，是一座具有南方风格的印度教寺庙。在齐智庙内，每逢印度教的节日庆典，信徒们都会斋戒庆祝，苦行者扛着木拱到达齐智庙后，由祭司将针签拔掉，再用"圣灰"擦伤口，场面十分隆重。

释迦牟尼菩提迦耶〔千光〕寺

新加坡最大的佛教寺庙 ▌推荐星级 ★★★★★

具有鲜明东南亚建筑风格的释迦牟尼菩提迦耶（千光）寺是新加坡规模最大，同时也是香火最旺盛的佛教寺庙，金色的圆顶是其最大特色，而寺内最著名的则是高15米的释迦牟尼佛像，宝相庄严的佛像周围环绕着众多彩灯，充满神圣庄严的氛围，而寺庙也因此被称为千光寺。此外，释迦牟尼菩提迦耶（千光）寺内还有许多各具特色的殿堂与房间，其中一间拥有身体斜倚的佛祖像，是庙内的胜景之一。

攻略HOW

地址 366 Race Course Road Singapore

交通 乘地铁在多美歌站出站后步行大约30分钟即可到达

14 土生华人博物馆

全世界第一家东南亚土生华人博物馆 ▌推荐星级 ★★★★

攻略HOW

▌**地址** 39 Armenian St., SG 179941

▌**交通** 乘地铁在政府大厦站B出口出站后步行大约15分钟即可到达

▌**电话** 65－63327591

土生华人博物馆又被称为娘惹博物馆，其前身曾是道南学校的校舍，是全世界第一家以东南亚视角出发，全方位展示土生华人物品和生活文化的博物馆。土生华人博物馆内除了大量高质量的珍贵藏品外，还通过各种图片和资料向游人介绍各种土生华人的独特文化，并将众多传奇向参观者娓娓道来，使其沉浸在别具特色的东南亚文化中。

15 赞美广场

享受新加坡的浪漫夜晚 ▌推荐星级 ★★★★★

攻略HOW

▌**地址** 30 Victoria Street

▌**交通** 乘地铁在政府大厦站出站后步行5分钟即可到达

▌**电话** 65－63361818

赞美广场曾经是19世纪中叶修建的圣婴耶稣修道院，1904年新加坡各界神职人员募集善款扩建了修道院，成为现今呈现在游人面前的哥特式建筑。现今赞美广场被改建成为一处美食休闲区，648根高大的科林斯式廊柱间遍布艺廊和精品店，教堂前还有喷泉，各国美食风味餐厅与酒吧每到夜晚都是灯火辉煌，充满浪漫气氛。

16 和平纪念碑

新加坡和谐与繁荣的标志 ■推荐星级 ★★★★★

为纪念"二战"中无辜死难的新加坡平民而修建的和平纪念碑于1967年2月15日揭幕，位于美芝路纪念公园内的纪念碑主体是高近百米的四根白色尖柱，分别代表在新加坡生活的中国、新加坡、印度、马来西亚和其他族群，是新加坡多元文化的象征和国家繁荣和谐的标志。此外，和平纪念碑毗邻的和平纪念馆内展出有大量"二战"期间日军暴行的史料和图片，再现了日军残暴统治时期的历史。

攻略HOW

地址 War Memorial Park, Beach Road

交通 乘地铁在政府大厦站出站后步行5分钟即可到达

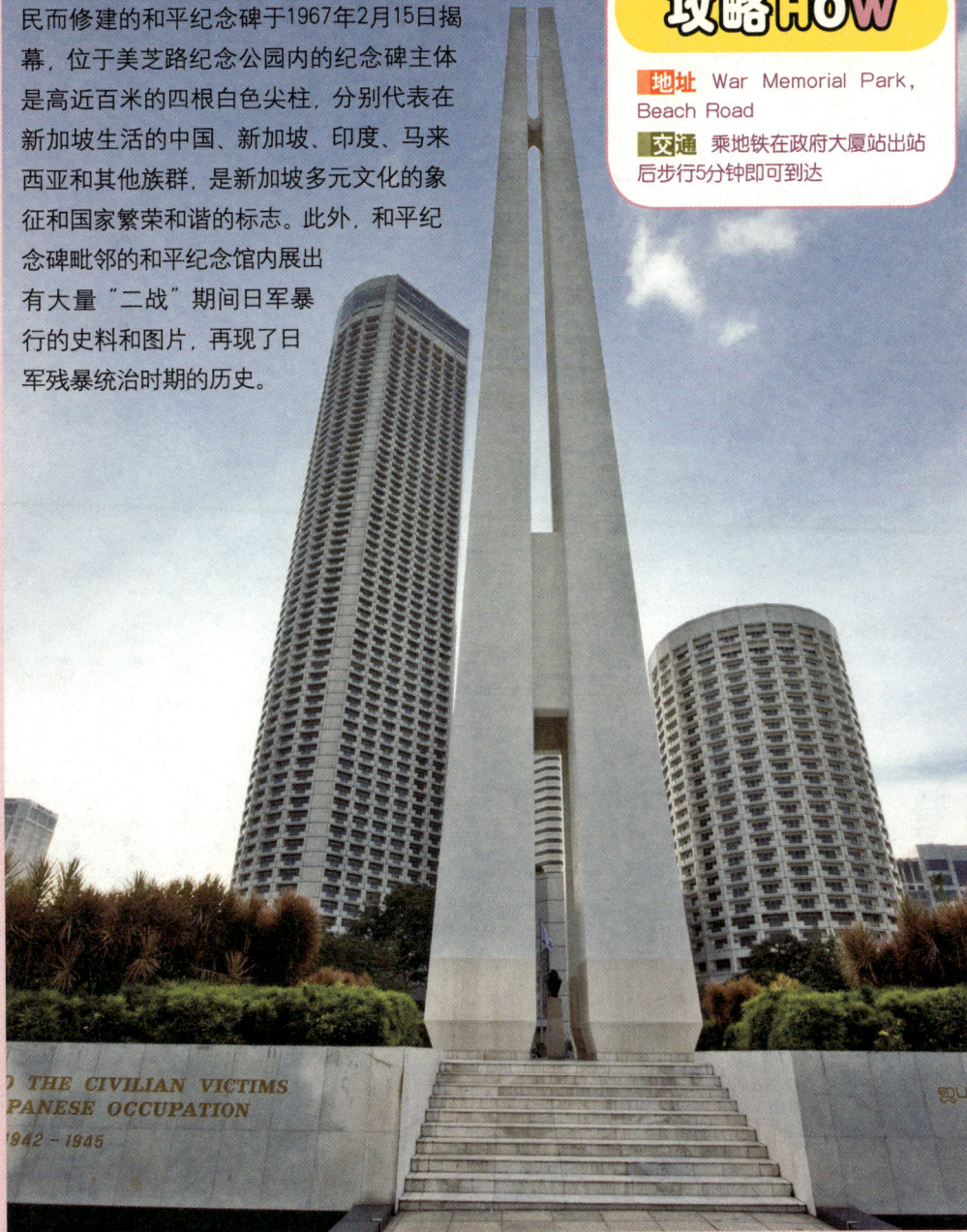

TO THE CIVILIAN VICTIMS
PANESE OCCUPATION
1942 - 1945

17 电力站

旧建筑改建成的当代艺术中心 ▌推荐星级 ★★★★

由旧建筑改建成艺术中心的电力站是新加坡唯一一处当代艺术中心，在这里拥有各式各样先锋派的表演手法和独特的艺术展品，在电力站不仅可以亲身体会当代艺术的独特魅力，也可以欣赏各种精彩的舞台表演和极具思考性的小众电影，在热闹喧嚣的现场氛围中感受人生百态。

攻略HOW

地址 45 Armenian Street
交通 乘地铁在政府大厦站出站后步行10分钟即可到达
电话 65-63377535

18 MINT玩具博物馆

全世界第一座玩具主题博物馆 ▌推荐星级 ★★★★

攻略HOW

地址 26 Seah Street, Singapore
交通 乘地铁在政府大厦站C出口出站后步行5分钟即可到达
电话 65-63390660
门票 10新元

2006年5月建成的MINT玩具博物馆地处新加坡市中心，是一幢五层高的现代建筑，同时也是全世界第一座玩具主题博物馆，馆内展示有从19世纪中期直至20世纪中期这100年来总计超过5万件的世界各国玩具，其中不乏珍贵的"希望之门"玩具，也有很多早已失传的古老玩具，是一处颇受游客欢迎，可唤起人们童年回忆的怀旧博物馆。

集邮博物馆

东南亚第一座现代化集邮博物馆　▇推荐星级 ★★★★

攻略HOW

地址 238 Coleman Street

交通 乘地铁在政府大厦站C出口出站后步行5分钟即可到达

门票 2新元

集邮博物馆位于新加坡市中心一幢近百年历史的维多利亚式古建筑内，其前身曾经是英华学校的校舍，被辟为博物馆后收藏有从19世纪至今的大量新加坡邮票、首日封、邮票设计原稿、印样和世界上180多个国家和地区的邮票，是整个东南亚地区第一座现代化的集邮博物馆，吸引了来自世界各地的集邮爱好者。

20 善特主教座堂

新加坡历史最悠久的天主教堂 ▋推荐星级 ★★★★★

历史悠久的善特主教座堂建于1843年，是新加坡教区大主教的驻留地，同时也是新加坡历史最悠久的一座天主教教堂。外观典雅大方的善特主教座堂融合了欧洲众多建筑流派的特点，大门外立有当时罗马教皇的铜像，而哥特式的尖塔更是成为教堂的标志。每年圣诞节、复活节等天主教节日期间，善特主教座堂都会聚集众多天主教教徒举行各种庆祝活动，规模盛大。

攻略HOW

地址 Queen Street
交通 乘地铁在政府大厦站出站后步行10分钟即可到达

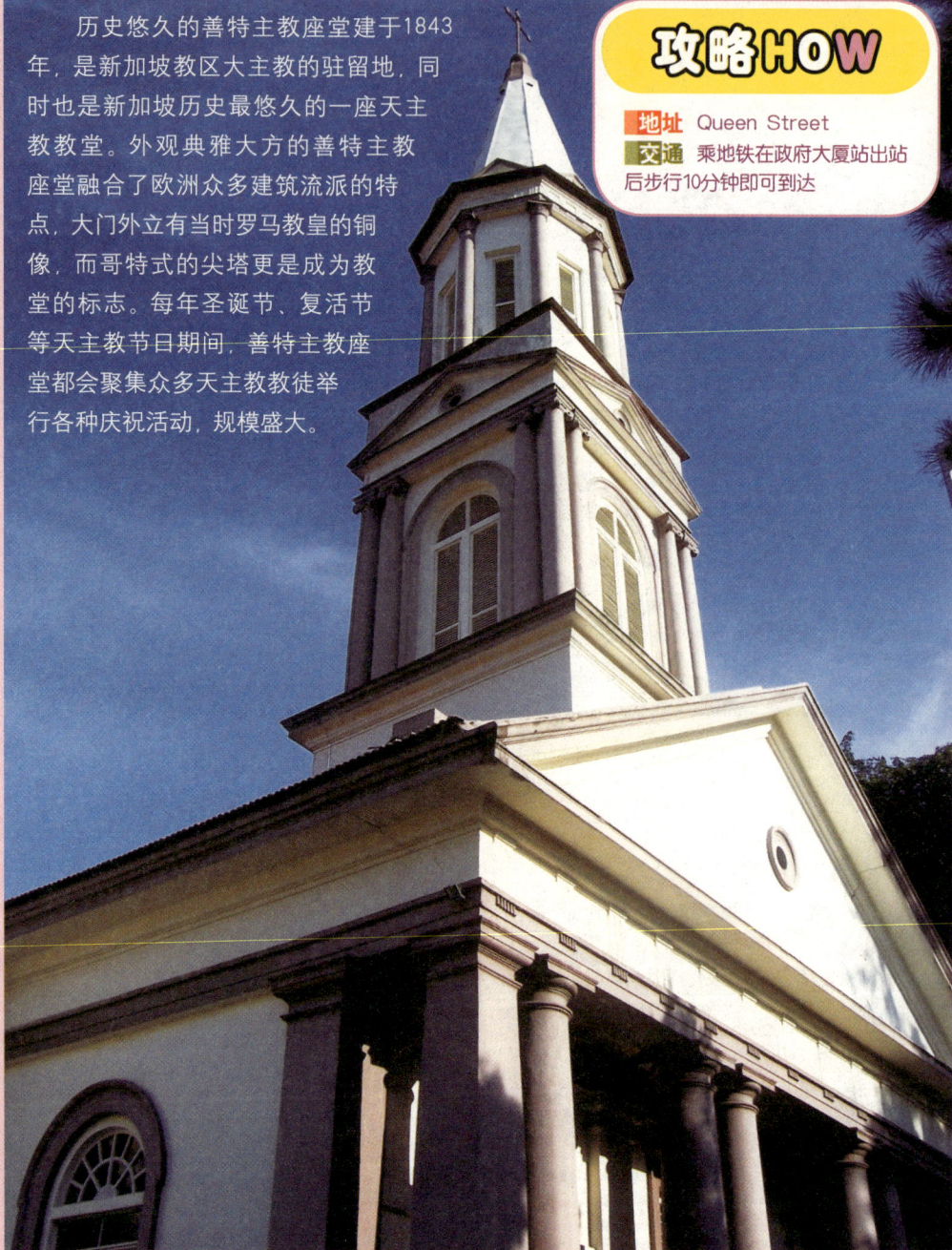

BUY

好买

I 狮城大厦

新加坡最早的现代购物广场 ▌推荐星级 ★★★★★

攻略HOW

地址 68 Orchard Road
交通 乘地铁在多美歌站D出口出站后即可到达
电话 65-63329298

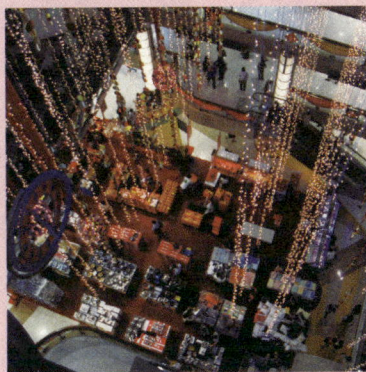

　　狮城大厦建成于1974年，是新加坡最早兴建的现代购物广场之一，这里拥有开阔的中庭，在设于中庭的购物广场和超市购物之余，也可在众多美味餐厅和咖啡店小憩片刻，或是去顶层附设的电影院与游戏厅放松娱乐一番。建成至今一直是深受新加坡年轻人喜爱的假日购物、休闲娱乐场所。

② 莱佛士城

高端消费者的天堂 ▍推荐星级 ★★★★★

攻略HOW

地址 252 North Bridge Road
交通 乘地铁在政府大厦站A出口出站后即可到达
电话 65-64332238

莱佛士城建于莱佛士书院的旧址上，由于其地理位置优越，地处新加坡最繁华的历史旅游观光区，因而不论平日还是假日都是人流熙攘，莱佛士城林立着众多装饰奢华的国际一线品牌专卖店，以及大型连锁商店和书店、体育用品商店、音像店、玩具店和美容院等商家，此外这里还有大量美味的餐厅和五星级酒店，是新加坡最繁华的购物逛街休闲之地。

3 城联广场

新加坡规模最大的地下商业街 ▌推荐星级 ★★★★★

攻略HOW

地址 1 Raffles Link
交通 乘地铁在政府大厦站出站后即可到达
电话 65-63399913

作为新加坡第一条地下商业步行街，城联广场同时也是全新加坡规模最大的购物街，全长7公里的步行街沿街两侧林立着众多商家，伴随着旋律优美的背景音乐，可以尽情享受假日悠闲的逛街休闲，而众多别具特色的商家和精品服饰也令购物狂欲罢不能，堪称购物一族的天堂。

4 福南科技与资讯广场

新加坡最大的IT产品集散地 ▌推荐星级 ★★★★★

福南科技与资讯广场共有上百家商店特区，其中不乏Panasonic、Nikon、Sony、Canon的专营店，是全新加坡级别最高、规模最大的IT产品集散地。除了各种品类繁多的IT产品外，福南科技与资讯广场还设有美食坊、书店和休闲区等区域，可以逛街休闲，享受美食，颇受年轻人青睐。

攻略HOW

地址 109 North Bridge
交通 乘地铁在政府大厦站B出口出站后步行5分钟即可到达
电话 65-63368327

新加坡河 2

PLAY
好玩
041

EAT
好吃
052

2 新加坡河

PLAY

好玩

① 新加坡河

贯穿新加坡的母亲河 ▌推荐星级 ★★★★★

攻略HOW

交通 乘地铁在莱佛士坊站出站后步行5分钟即可到达

蜿蜒流淌的新加坡河贯穿整座城市，是新加坡唯一的一条河流，最初来到新加坡的移民都靠这条河为生，是新加坡的母亲河。总长4公里的新加坡河是人工开凿而成的运河，两岸林立着众多百年历史的老建筑，游人可以乘坐驳船欣赏沿河的风景，或是在岸边沿河游览，在观光之余也可在河畔的餐厅和咖啡屋小憩片刻。

2 加文纳桥

新加坡唯一的悬索桥 ▌推荐星级 ★★★★

攻略HOW

地址 Cavenagh Bridge
交通 乘地铁在莱佛士坊站H出口出站后步行5分钟即可到达

　　历史悠久的加文纳桥是新加坡唯一一座悬索桥，这座建于1868年的桥梁最初是为纪念爱丁堡公爵来访而建，桥名也被命名为爱丁堡桥，之后又以当时的殖民地总督加文纳的名字命名为加文纳桥，迄今已有140余年历史，是新加坡现存最古老的桥梁之一。现今的加文纳桥不仅美观，而且当夜幕降临时桥身上还会发出缤纷璀璨的光芒，营造出令人沉醉的迷人的浪漫夜景。

③ 阿卡夫桥

卡通风格的美丽桥梁 ▮ 推荐星级 ★★★★

专供行人通行的阿卡夫桥五颜六色的桥身颇具特色，这座卡通风格的桥梁也因而成为新加坡河上的一道亮丽风景线。除了色彩鲜艳的桥身外，每到日落时，站在阿卡夫桥上还可以一览新加坡河两岸的美丽风景，是感受这座现代化城市独特魅力的绝佳地点之一。

攻略HOW

地址 Alkaff Bridge
交通 乘地铁在克拉码头站C出口出站后步行5分钟即可到达

4 安德森桥

新加坡最后修建的大铁桥 ▊ 推荐星级 ★★★★

攻略HOW

地址 Anderson Bridge

交通 乘地铁在莱佛士坊站H出口出站后步行10分钟即可到达

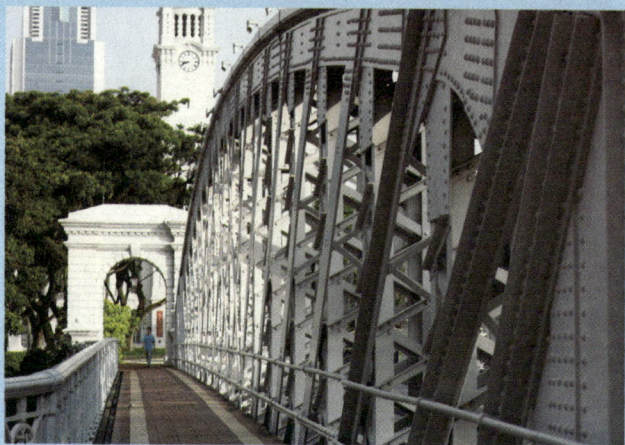

　　建于1910年的安德森桥是新加坡最后修建的大铁桥，这座外观优雅大方的桥梁横跨新加坡河两岸，充满工业时代的独特魅力。游人站在安德森桥上，不仅可以欣赏新加坡河的迷人风光，也可远眺四周的现代化城市风景，鳞次栉比的摩天大楼和夜晚璀璨绚丽的迷人灯光，以及作为新加坡标志的鱼尾狮像都令人印象深刻。

5 鱼尾狮公园

新加坡面积最小的公园 ▌推荐星级 ★★★★★

攻略HOW

地址 Merlion Park
交通 乘地铁在莱佛士坊站H出口出站后步行5分钟即可到达
电话 65-67362200

位于新加坡河河畔的鱼尾狮公园面积只有71平方米，是新加坡面积最小的公园，园内屹立在新加坡河河口处的鱼尾狮像高8米，其上半身狮子，下半身鱼的形象早已经成为新加坡的标志和象征。此外，通体洁白如玉的鱼尾狮像还会从口中喷出清水，与园内不远处另一座同样会喷水的小鱼尾狮像相映成趣，吸引了众多游人慕名而来。

6 陈氏宗祠

历史悠久的宫殿式建筑 ▌推荐星级 ★★★★

攻略HOW

地址 15 Magazine Road
交通 乘地铁在莱佛士坊站出站后换乘出租车即可到达

陈氏宗祠又名保赤宫，是新加坡陈氏宗族祭拜先人和举行重大活动的一处中国传统宫殿式建筑，陈氏宗祠天井的旁门上悬挂着描述陈氏先祖舜帝事迹的影雕，不仅线条生动优美，而且借舜帝的故事宣扬中国传统儒家孝悌忠信、礼义廉耻的价值观。此外，在陈氏宗祠内还有一幅巨大的匾额，讲述了陈氏家族与姚、虞、胡、袁、田、孙、陆等七姓家族的渊源。

7 驳船码头

新加坡最初的贸易原点 ▌推荐星级 ★★★★

攻略HOW

地址 Boat Quay

交通 乘地铁在莱佛士坊站H出口出站后步行5分钟即可到达

已有百余年历史的驳船码头曾经是新加坡贸易中心的发源地，最繁盛的时候新加坡贸易的1/3都在这里进行，堪称新加坡发展演变的见证者。现今的驳船码头则是新加坡最受欢迎的娱乐美食聚集地，沿河的仓库早已改建成餐厅和酒吧，每到夜晚这里都是灯火辉煌，热闹非凡。

维多利亚剧院及音乐厅

纪念维多利亚女王 ▌ 推荐星级 ★★★★

攻略HOW

地址 9 Empress Place
交通 乘地铁在莱佛士坊站出站后步行10分钟即可到达
电话 65-63362151

维多利亚剧院建于1862年，其前身曾经是英国殖民期间修建的新加坡市政厅，毗邻的音乐厅则是为纪念维多利亚女王于1905年修建的，1906年修建音乐厅钟楼的时候两幢建筑连为一体，成为一幢华丽的维多利亚风格建筑。游人参观剧院及音乐厅不仅可以领略百年前日不落帝国的风采，同时也可欣赏音乐厅内新加坡交响乐团的精彩演出。此外，在剧院前的广场上还立有一尊莱佛士青铜像。

9 红灯码头

新加坡最热门的休闲娱乐地 ▋推荐星级 ★★★★★

　　百年前曾经是新加坡重要货运码头的红灯码头，因码头引航的红灯而得名，现今则改建成为一处新加坡热门的休闲娱乐场所，在码头内依旧停泊着一些小型游船，夜幕降临后还可以乘坐华丽的中国帆船夜游新加坡河，迎着舒适的海风一览码头周围的浪漫美景。

攻略HOW

地址 B70 Collyer Quay #01-31 Clifford Pier Singapore

交通 乘地铁在莱佛士坊站H出口出站后步行5分钟即可到达

10 亚洲文明博物馆皇后坊分部

规模庞大的亚洲艺术展馆 ▌推荐星级 ★★★★★

攻略HOW

地址 1 Empress Place
交通 乘地铁在莱佛士坊站出站后步行10分钟即可到达
电话 65-63322982
门票 10新元

亚洲文明博物馆皇后坊分部位于新加坡河河畔，是亚洲文明博物馆的两座分馆之一，馆内拥有印度、中国、东南亚和伊斯兰世界等不同的主题展厅，汇集了种类繁多的珍贵藏品，置身其中，可以领略亚洲各国不同地区和民族的独特文明与生活传统，尽情享受一次难得的亚洲文明之旅。

11 莱佛士登陆遗址

莱佛士最初上岸的地方 ▌ 推荐星级 ★★★★

攻略HOW

地址 59 Boat Quay, Singapore

交通 乘地铁在莱佛士坊站出站后步行10分钟即可到达

被新加坡人尊为国父的莱佛士于1819年来到新加坡，现今在新加坡各地有众多以莱佛士命名的建筑，而位于新加坡河河口东岸的莱佛士登陆遗址则是1819年莱佛士最初登陆新加坡的地方，从这里开始，新加坡成为亚洲第一个自由贸易港，并逐渐经历了现代化的发展进程。莱佛士登陆遗址现今立有英国著名雕刻家兼诗人乌尔纳设计的一尊莱佛士爵士铜像，周围有文艺复兴风格的花坛和喷水池。

12 穆罕默德苏丹路酒吧一条街

感受新加坡最热闹的夜生活 ▌ 推荐星级 ★★★★★

攻略HOW

地址 Mohammad Sultan Road Bar Street

交通 乘地铁在克拉码头站E出口出站后换乘32、54、139、195号公交车在UE Square站下车后步行5分钟即可到达

作为新加坡夜晚最繁华热闹的街道之一，穆罕默德苏丹路酒吧一条街汇集了众多不同风格、不同文化氛围的酒吧，而其中最具特色的就是那些红墙黄瓦，门口高悬黑底金字匾额，挂着大红灯笼的中式风格酒吧，其独特的中国魅力吸引了众多游客。此外，穆罕默德苏丹路酒吧一条街也有大量风格狂野的酒吧，变幻莫测的光影和喧嚣的音乐吸引了众多年轻人在夜晚来到这里尽情释放自己的激情和青春活力。

13 克拉码头

感受浪漫的新加坡夜生活 ▌推荐星级 ★★★★★

克拉码头地处新加坡河河畔，其前身曾经是大量仓库和旧式店屋聚集的码头，现今克拉码头被改建成众多酒吧和餐厅汇集的休闲娱乐区，旧时脏乱的货运码头早已不见，取而代之的则是每天夜幕降临后亮起的点点灯火，各国风味料理餐厅、酒吧和经营老唱片、手工艺品的摊贩汇集在这里，是新加坡情侣约会的热门地点，同时也吸引了众多游客来这里感受浪漫的新加坡夜生活。

攻略HOW

地址 N3 River Valley Road
交通 乘地铁在克拉码头站C出口出站后步行5分钟即可到达
电话 65-63373292

2 新加坡河

EAT

好吃

1 珍宝海鲜楼

新加坡知名的海鲜酒楼 ▌ 推荐星级 ★★★★★

攻略HOW

地址 30 Merchant Road, #01-01/02 Riverside Point

交通 乘地铁在克拉码头站C出口出站后步行5分钟即可到达

电话 65-65323435

1987年开业的珍宝海鲜楼是新加坡首屈一指的海鲜酒楼,餐厅结合新加坡当地与中国香港的饮食风格,推出精致的海鲜料理,在新加坡美食大赛上连续荣获多项大奖,游人在克拉码头观光之余不妨来这里品尝用斯里兰卡螃蟹,加入辣椒酱汁拌炒制成的辣椒螃蟹等大受欢迎的招牌美味。

3 滨海湾

3 滨海湾

PLAY

好玩

❶ 滨海艺术中心

新加坡首屈一指的艺术表演地 ▌推荐星级 ★★★★★

　　由4000多片玻璃组成屋顶遮阳罩的滨海艺术中心外观仿佛榴莲一般，是新加坡首屈一指的艺术表演场地，同时也是新加坡新兴的标志性建筑之一。滨海艺术中心内最负盛名的就是这里的音乐厅，此外还有剧院、演奏厅、排练室、图书馆和户外表演空间等设施，可以欣赏到多种类型的文化艺术表演。

攻略HOW

地址 1 Esplanade Drive
交通 乘地铁在政府大厦站出站后即可到达
电话 65-68288222

② # 滨海堤坝

新加坡建筑工程的一大奇迹 ▌推荐星级 ★★★★★

攻略HOW

■**地址** 8 Marina Gardens Drive

■**交通** 乘地铁在滨海湾站换乘400号公交车即可到达

■**电话** 65-65145959

　　耗资2.2亿新元修建的滨海堤坝由9道冠状钢闸组成，能将海水与滨海湾有效分开，使滨海湾地区免受水患威胁，被誉为新加坡建筑工程的一大奇迹。规模宏伟的滨海堤坝还是新加坡人喜爱的散步野餐好去处，周围建有亲水游乐区、永续新加坡展览馆、餐厅等休闲娱乐设施。

3 双螺旋桥

螺旋状的滨海湾新地标大桥 ▌推荐星级 ★★★★★

攻略HOW

地址 6 Raffles Boulevard
交通 乘地铁在政府大厦站出站后步行10分钟即可到达
电话 65-63398787

螺旋状的双螺旋桥连接滨海艺术中心与滨海湾，是滨海湾地区的新地标建筑，这座大桥采用两条不锈钢索在半空相互缠绕，再用支柱稳定骨架，拉出一条长280米、宽6米的弧形桥梁，充满未来美感。此外，在大桥上还设有五座观景平台，可以从不同角度欣赏附近的壮美景色。

4 新加坡F1大奖赛

夜幕下进行的城市F1 ▌推荐星级 ★★★★

攻略HOW

地址 Marila Bay
交通 乘地铁在政府大厦站出站即可到达
电话 65-67314982

新加坡F1大奖赛的赛道位于新加坡滨海湾区，由于地处新加坡商业和古迹集中地，因而无法修建专门赛道，而是选择如摩纳哥赛道一般在比赛期间将城市的街道作为赛道，狭窄的街巷与极致的速度形成鲜明对比，紧张激烈的比赛场面令人血脉贲张。此外，新加坡F1大奖赛还是全世界唯一的夜间街道赛，灯火辉煌的赛道和四周璀璨的灯光相映成趣，吸引了全世界赛车迷的目光。

5 新加坡摩天观景轮

全世界最大的摩天轮之一 ▌推荐星级 ★★★★★

攻略HOW

地址 30 Raffles Avenue
交通 乘地铁在政府大厦站出站后步行10分钟即可到达
电话 65—63349621
门票 29.5新元

高165米的新加坡摩天观景轮建于2008年，由东京知名建筑师黑川纪章与新加坡缔博建筑师事务所合作设计，是全世界规模最大的摩天观景轮之一。现今已经成为新加坡旅游标志的这座大摩天轮可以欣赏新加坡滨海湾的美丽风光，日落时分晚霞映红天空，还可欣赏夕阳沉入海面的美景，深受情侣欢迎。

6 新达城

风水大师指点修建的商业建筑 ■ 推荐星级 ★★★★★

攻略HOW

地址 3 Temasek Boulevard
交通 乘地铁在政府大厦站出站后步行5分钟即可到达
电话 65-62952888

　　1984年时任新加坡总理的李光耀邀请11位富商联合投资修建的新达城由风水大师指点，是一处由五幢高楼环绕喷泉的商业中心，于1997年开业至今，已经成为一处新加坡商业建筑的奇迹，吸引无数游人慕名而来。

1 财富之泉　新达城正中的财富之泉

　　财富之泉位于新达城正中，由4根高耸的青铜柱顶起一枚直径21米的巨大圆环，圆环下是水柱达14米高的喷泉，四周环绕着新达城的五栋办公楼，据风水大师说这可聚敛财气。同时在财富之泉四周每晚都会有多媒体声光表演，场面非常精彩壮观。

2 新达城购物中心　全方位的吃喝玩乐

　　新达城购物中心共分为雅丽廊、热带区、喷泉平台和娱乐区四大主题区，有近300家商店分布于走廊两侧，在这里可以买到名牌服饰、珠宝、CD等品类繁多的商品，购物之余也可在餐厅或酒吧小憩片刻，或是去附设的影院欣赏一场最新上映的电影，堪称一座吃喝玩乐全方位的休闲娱乐城。

③ RISIS Gift Gallery　最受游客欢迎的镀金胡姬花

　　早在1976年，RISIS就用新加坡最具代表性的新鲜胡姬花做材料，制作出精巧雅致的镀金胡姬花饰品，不论别针、项链、盘饰或裱框等艺术品都充满新加坡特色，是新加坡最受游客欢迎的代表性纪念品。

④ 文东记　新加坡闻名的海南鸡饭

　　1979年开业的文东记以新加坡最有名的海南鸡饭而闻名，其鸡肉滑嫩鲜香，拥有大批Fans，这家位于新达城喷泉平台的文东记分店不仅味美价廉，而且交通方便，深受游客欢迎。

⑦ 鸭子船

水陆两栖观光新加坡 ▋ 推荐星级 ★★★★★

攻略HOW

地址 Galleria
交通 乘地铁在政府大厦站出站后步行3分钟即可到达
电话 65-63333825
门票 33新元

　　鸭子船从新达城出发，是新加坡独有的水陆两栖观光车，全部60分钟的行程会先在陆地上经过市政厅、最高法院和圣安德烈大教堂等行政区景点，之后会在滨海艺术中心的码头下水，游人可以在船上欣赏鱼尾狮公园、浮尔顿酒店等景点，别有一番风情。

8 河马车

新加坡都市观光车 ▌ 推荐星级 ★★★★★

与鸭子船同样是游客游览新加坡重要交通工具的河马车是一辆敞篷的双层巴士，分为白天和夜晚两种不同的观光线路，白天河马车分为City Hippotours和Heritage Hippotours两条线路，沿途会经过行政区、小印度区、牛车水、甘榜格南和乌节路，夜晚的河马车则会经过鱼尾狮公园、新加坡河、滨海艺术中心、新达城、乌节路，同时车上还配有导游为游客沿途讲解。

3 滨海湾

BUY

好买

I 滨海广场

新加坡最大的购物休闲娱乐中心 ▌推荐星级 ★★★★★

攻略HOW

地址 6 Raffles Boulevard
交通 乘地铁在政府大厦站出站后步行10分钟即可到达
电话 65-63398787

　　规模庞大的滨海广场是新加坡最大的购物休闲娱乐中心，在这里拥有超过200家商店经营电子器材、流行服饰、运动用品等，是最受新加坡人喜爱的购物中心之一。此外，在滨海广场还可以品尝日本、韩国、中国、泰国、印度尼西亚、欧洲等不同国家和地区的美味料理，以及品类丰富多样的新加坡当地小吃。

② 美年广场

设计新奇的金字塔式购物广场 ▎推荐星级 ★★★★

攻略HOW

地址 9 Raffles Boulevard
交通 乘地铁在政府大厦站出站后步行5分钟即可到达
电话 65-68831122

由国际知名建筑师菲利浦·约翰逊设计的美年广场是一座设计新颖独特的购物空间,屋顶由15座一字排开的玻璃金字塔构成,其独特的设计令人印象深刻。美年广场内部空间宽敞明亮,有各类时尚精品的旗舰店入驻,此外还有世界各国的美味料理餐厅和咖啡厅,在购物之余可供人品尝美食或是小憩片刻。

4 滨海湾金沙

PLAY
好玩
064

BUY
好买
066

4 滨海湾金沙

PLAY

好玩

① 滨海湾金沙酒店

设计奢华的建筑奇迹 ▌推荐星级 ★★★★★

攻略HOW

地址 10 Bayfront Avenue
交通 乘地铁在宝龙坊站下
电话 65-66880206

有一种说法，"想要看新奇的建筑物，就到新加坡"，位于新加坡滨海湾的金沙酒店由拉斯维加斯金沙集团修建，由三幢55层高的大楼呈"川"字形排列，共拥有2560间豪华客房，是新加坡最豪华壮观的酒店。金沙酒店的中庭摆放了大量名为"升林"的陶质艺术品，周围分布着酒店的餐厅和商店。

2 金沙空中花园

200米高的空中花园 ■ 推荐星级 ★★★★★

攻略HOW

地址 10 Bayfront Avenue
交通 乘地铁在宝龙坊站下
电话 65-66888868
门票 20新元

位于金沙酒店楼顶的金沙空中花园地处200米的高空，其面积相当于三座足球场大小，栽植了大量花草树木，置身其中仿佛一座绿意盎然的植物园林。金沙空中花园最引人注目的就是这里无边界的户外游泳池，可在游泳的同时一览周围的迷人风光。此外，金沙空中花园还设有公共观景台，可360°自由观看新加坡的滨海风光和对岸金融区的摩天大楼。

3 滨海湾金沙娱乐场

规模庞大的世界顶级赌场 ■ 推荐星级 ★★★★★

位于金沙酒店正前方的滨海湾金沙娱乐场采用无梁柱挑高设计，四周环绕着四层楼高的特别席，正中悬有全世界最大的水晶吊灯，这座重7.1吨的吊灯高6.4米，共镶有132000颗施华洛世奇水晶。娱乐场内设有600张赌桌和1500台老虎机，有轮盘、21点、百家乐以及视频扑克等不同玩法，顶级的贵宾特区则拥有完全隐私的空间，还能享受24小时美食和顶级服务，堪称全世界顶级的奢华赌场之一。

攻略HOW

地址 10 Bayfront Avenue
交通 乘地铁在宝龙坊站下

4 水晶平台

多姿多彩的夜生活 ■ 推荐星级 ★★★★★

攻略HOW

地址 10 Bayfront Avenue
交通 乘地铁在宝龙坊站下

金沙酒店的水晶平台外观宛若一朵莲花般绽放，拥有众多世界级夜店与剧院，在这里除了各种光影交织，灯红酒绿的夜店，也有举世闻名的百老汇歌剧表演，其中百老汇最为知名的歌剧之一《狮子王》更是从2011年3月起在这里常驻，是体验缤纷多彩夜生活的绝佳地点。

4 滨海湾金沙

BUY 好买

I 滨海湾金沙购物商城

奢华的购物商城 ▍**推荐星级 ★★★★★**

　　滨海湾金沙购物商城拥有80万平方米的购物空间，长长的购物街两侧林立着300多家专卖店，其中不乏BALLY、CHANEL、GUCCI、PRADA、YSL、Hugo Boss、LV等国际知名的时尚品牌，Polo Ralph Lauren更是在这里开设了东南亚第一家奢华精品店，此外也有Anne Fontaine、Escada、Marisfrolg等年轻人喜爱的流行品牌入驻。购物之余，游人也可在商城内的室内运河乘坐小船游览购物街，享受别样的购物乐趣。

攻略HOW

地址 10 Bayfront Avenue
交通 乘地铁在宝龙坊站下

5 浮尔顿历史文化区

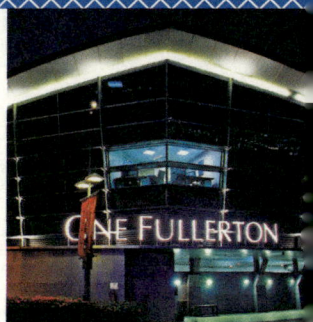

CINE FULLERTON

5 浮尔顿历史文化区

PLAY 好玩

1 一号浮尔顿

可欣赏滨海美景的露天美食中心 推荐星级 ★★★★★

位于新加坡河河畔的一号浮尔顿是一个集餐饮、休闲与旅游于一体，新加坡最著名的露天美食中心。这里除了各国风味的美食料理外，还可以近距离欣赏四周来往船只和作为新加坡标志的鱼尾狮雕像。夜晚的一号浮尔顿是新加坡最美的夜景之一，四周缤纷璀璨的霓虹灯纷纷亮起，光影交织中一号浮尔顿宛若不夜城一般，充满浪漫气氛。

攻略HOW

地址 1 Fullerton Road
交通 乘地铁在莱佛士坊站H出口出站后步行5分钟即可到达

② 浮尔顿历史文化区

古老与摩登交相辉映 ▌ 推荐星级 ★★★★

攻略HOW

交通 乘地铁在莱佛士坊站下

浮尔顿历史文化区毗邻莱佛士坊，近百年前，这里还曾经是货运繁忙的进出口码头，当时的新加坡邮政总局和船只补给站也位于附近，现今这处古老的海港码头繁荣依旧，众多古老的旧建筑和全新的休闲娱乐场所相互映衬，摩登时尚与古老历史在这里交相辉映，成为新加坡最受欢迎的夜生活休闲娱乐区之一。

③ 浮尔顿酒店

旧新加坡邮政总局改建的古典酒店 ▌ 推荐星级 ★★★★★

攻略HOW

地址 1 Fullerton Square
交通 乘地铁在莱佛士坊站H出口出站后步行5分钟即可到达
电话 65-67338388

浮尔顿酒店是一幢外观美轮美奂的新古典主义建筑，其前身曾经是建于1928年的新加坡邮政总局，并以当时的殖民地总督浮尔顿之名命名为浮尔顿大厦。1996年新加坡邮政总局迁离浮尔顿大厦后被改建为豪华的五星级酒店——浮尔顿酒店，这家拥有数百间豪华客房的酒店也成为新加坡的地标性酒店之一，被《Conde Nast Traveler》杂志评为"全世界最好的100大饭店"。

5 浮尔顿历史文化区

EAT

好吃

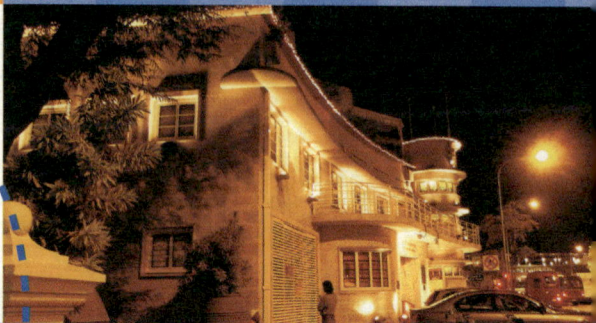

1 浮尔顿水船楼

旧船只补给站改建的餐厅 ▌推荐星级 ★★★★

毗邻浮尔顿酒店的浮尔顿水船楼地处新加坡河河口，其前身是建于1919年的船只补给站，这座白色的建筑现今被改建成为一家口碑极佳的高级法式餐厅——Le Saint Julien，深受新加坡政商名流的欢迎。在这里用餐，享用美酒佳肴之余，还可欣赏窗外的滨海风光，感受新加坡的百年风华。

攻略HOW

地址 3 Fullerton Road
交通 乘地铁在莱佛士坊站下

2 海关大楼

现代风格的休闲美食新热点 ▌推荐星级 ★★★★

建成于20世纪60年代的新加坡海关大楼强调简约与功能性，即使已有半个世纪的历史，依旧颇具现代感。现今海关大楼已经成为一处汇集了酒吧、餐厅、夜店的繁华夜生活休闲区，每到夜晚这里都是灯火交织，美酒佳肴荟萃一堂，颇受商务人士欢迎。

攻略HOW

交通 乘地铁在莱佛士坊站下

6 武吉士

PLAY
好玩
072

EAT
好吃
082

BUY
好买
083

6 武吉士

PLAY

好玩

1 马来传统文化馆

王宫改建的博物馆 ▌推荐星级 ★★★★

由旧甘榜格南王宫改建而成的马来传统文化馆是一幢在东南亚地区广为流行的伊斯兰风格建筑，其巨大的金色圆顶颇为醒目。马来传统文化馆内分为9个展厅，通过各种珍贵文物、文字资料和艺术品向游人介绍了马来人在新加坡的历史文化，领略这个民族独特的风俗。此外，在马来传统文化馆内还有新加坡电影的历史介绍，在文化馆外的广场则经常举行各种精彩的文艺演出。

攻略HOW

地址 85 Sultan Gate
交通 乘地铁在武吉士站B出口出站后步行大约10分钟即可到达
电话 65-63910450
门票 3新元

2 马海阿布犹太教堂

新加坡犹太人的信仰中心 ▌推荐星级 ★★★★

攻略HOW

地址 24 Waterloo Street

交通 乘地铁在武吉士站出站后步行大约5分钟即可到达

　　建于19世纪的马海阿布犹太教堂不仅是新加坡国内犹太人的信仰中心，同时也是整个东南亚地区历史最悠久的犹太教教堂。马海阿布犹太教堂是一幢融合了犹太教传统风格和维多利亚时代特色的建筑，其宏大的内部空间充满庄严、肃穆的感觉，可了解犹太教在新加坡的发展和成就。此外，犹太教信徒在教堂内举行的庆典仪式也有部分允许游客参观，如果有幸遇到不要错过。

3

克里斯南寺

百年历史的印度教寺庙 ▌推荐星级 ★★★★

攻略HOW

地址 152 Waterloo Street
交通 乘地铁在武吉士站A出口
出站后步行5分钟即可到达

克里斯南寺是新加坡印度教教徒的信仰中心，已有百年历史的这座印度教寺庙五彩缤纷，拥有众多千奇百怪的印度教人物雕塑。克里斯南寺最大的特色就是

这里不同于一般印度教寺庙，在庙门口供桌上设有香炉，经常可以看到捧香参拜的香客，堪称一大奇观。

4 观音堂佛祖庙

被列为历史标志的佛教古寺 ▌推荐星级 ★★★★

建于1884年的观音堂佛祖庙毗邻克里斯南寺，是整个新加坡华人的信仰中心，这座古老的寺院充满中国传统建筑特色，寺内收藏有古朴庄严的佛像和美轮美奂的佛教壁画。寺中的主神十八手观音每过十年都会举办镀金仪式，以及每年农历除夕和春节期间寺院内都会人流熙攘，盛况空前。此外，观音堂佛祖庙的签诗内容是中英文对照书写，别具特色。

攻略HOW

地址 178 Waterloo Street
交通 乘地铁在武吉士站A出口出站后步行5分钟即可到达

5 莱佛士酒店

新加坡的国宝级地标性酒店 ▍推荐星级 ★★★★★

建于1887年的莱佛士酒店以奢华的装饰和独特的设计风格而闻名，早在19世纪80年代，莱佛士酒店已经被正式命名为新加坡的国家级纪念馆，有"全球最佳下榻地"之称。莱佛士酒店外观典雅，挑高的酒店大堂光线明亮，四周的家具与装饰无不流露出维多利亚时代的奢华风格，充满丰富的历史内涵与独特韵味。

攻略HOW

地址 1 Beach Road
交通 乘地铁在政府大厦站C出口出站后步行5分钟即可到达
电话 65—63371886

1 Long Bar 来新加坡不可错过的"新加坡司令"

莱佛士酒店内的Long Bar是国际知名的"新加坡司令"这款鸡尾酒的发源地，几乎每一个来到新加坡的游客都会慕名来到这家酒吧，叫上一杯用金酒、菠萝汁、樱桃白兰地、柠檬汁混合调制而成的新加坡司令，然后细细品味感受这里独特的热带风情。值得一提的是，在Long Bar内有一个独特的习俗，就是吃剩的花生壳可以直接丢在地上，在新加坡可谓非常特殊。

② 莱佛士酒店购物廊 高雅的购物之旅

　　莱佛士酒店购物廊拥有40余家国际知名品牌入驻，在白色拱廊间漫步，在酒店提供的购物专员介绍下，流连于LV、Tiffany & Co.、Georg Jensen或Aigner这些时尚名品之间，就连购物血拼也变得仿佛如19世纪的英国贵族般高雅。购物之余，游人也可在喷泉旁小憩片刻，驻足欣赏这里的热带美景。

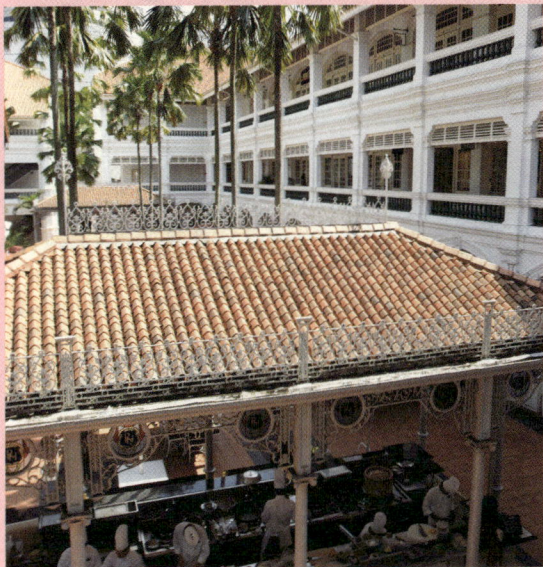

6 哈芝巷

古老风情的饮食文化街 ▌推荐星级 ★★★★

狭窄的哈芝巷铺着青石板，沿街两侧林立着众多特色商店，其中一些布店和香水店甚至不乏百年历史，充满古朴的历史风韵。哈芝巷作为新加坡最具古老风情的街道之一，同时也是一条著名的饮食文化街，逛街之余可以走入路边的小店喝上一杯咖啡或茶，或是欣赏两侧街道上的各色涂鸦，别具一番风味。

攻略HOW

地址 Haji Lane

交通 乘地铁在武吉士站B出口出站后步行大约10分钟即可到达

7 巴梭拉街

伊斯兰风情的街道 ▍推荐星级 ★★★★

充满浓郁伊斯兰风情的巴梭拉街是新加坡著名的一条旅游购物街，街道上铺砌着红色的地砖，沿街两侧的椰子树随风摇曳，一派热带风情令人沉醉。在巴梭拉街沿街两侧的建筑设计雅致，五彩缤纷的店屋内经营各种银饰、丝绸和蜡染布、竹编和藤制品等工艺品，深受游客欢迎。

攻略HOW

地址 Bussorah Street
交通 乘地铁在武吉士站B出口出站后步行大约10分钟即可到达

1 Jamal Kazura Aromnatics 定制阿拉伯香水

伊斯兰风情浓郁的巴梭拉街上有多家经营阿拉伯香水的店铺，其中Jamal Kazura Aromnatics还提供为游人量身定做专属香水的服务，游人在这家装饰古色古香的店铺内选择自己喜欢的香味后，就可以得到只属于自己的专属香水，做礼物或带回家馈赠亲朋都是绝佳选择。

8 亚拉街

伊斯兰风情街 ▌推荐星级 ★★★★

攻略HOW

地址 Arab Street
交通 乘地铁在武吉士站B出口出站后步行大约5分钟即可到达

和巴梭拉街同样充满浓郁伊斯兰风情的亚拉街在旧时曾经是马来王国苏丹和贵族居住的地方，沿街的建筑华美典雅，拥有众多经营布料、印度尼西亚蜡染布、地毯、桌垫、抱枕等商品的店铺，几乎每一件商品都充满异域风情，深受游客欢迎。此外，亚拉街上的香水店不可错过，这里经营的香水均用天然香料制成，香味淡雅，香水瓶也是造型独特，颇受游客欢迎。

9 峇里巷

新加坡最短的悠闲小巷 ▌推荐星级 ★★★

攻略HOW

地址 11 B Ali Lane
交通 乘地铁在武吉士站B出口出站后步行大约10分钟即可到达
电话 65-62923800

堪称全新加坡最短的峇里巷拥有成排的绿荫，街道另一侧的店屋则涂满各式涂鸦，每到傍晚沿街小店门外的露天座位都会坐满用餐的客人，可以在这里享用各国风味的美味料理，同时还能欣赏各种音乐或抽水烟，享受新加坡别具特色的悠闲夜生活。

苏丹清真寺

新加坡最壮丽的清真寺 ▌推荐星级 ★★★★★

苏丹清真寺建于19世纪初，是一幢典型东南亚风格的清真寺，扩建时改为现今呈现在游人面前的撒拉逊风格建筑，其独特的洋葱式金色圆顶在阳光照耀下颇为醒目，是新加坡最壮丽的清真寺，同时也是新加坡伊斯兰教教徒的信仰中心。

攻略HOW

地址 3 Muscat Street

交通 乘地铁在武吉士站B出口出站后步行大约10分钟即可到达

电话 65-62934205

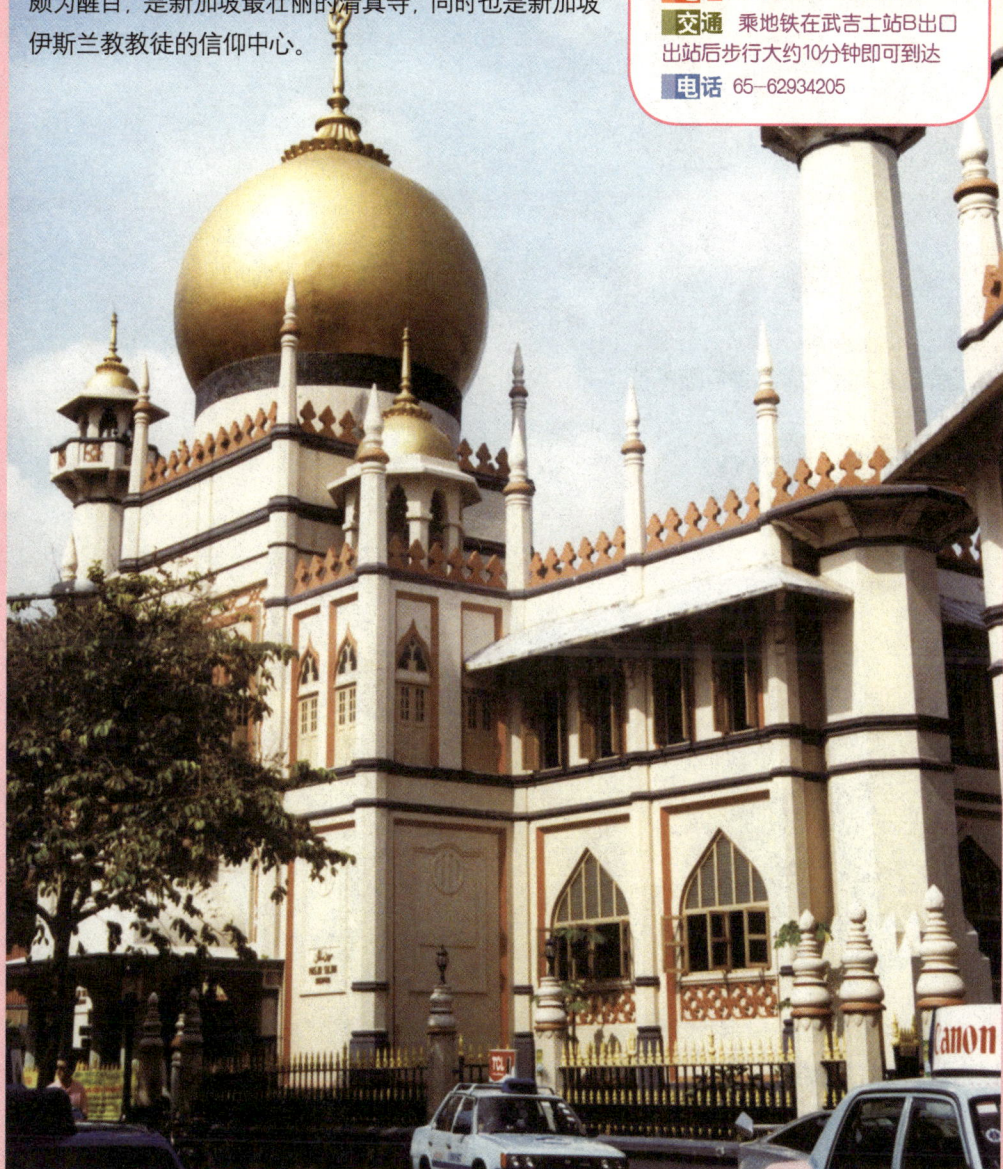

武吉士

6 武吉士

EAT

好吃

I 喜园咖啡店

品尝新加坡传统早餐与下午茶 ▌推荐星级 ★★★★

攻略HOW

地址 37 Beach Road #01-01
交通 乘地铁在政府大厦站C出口出站
电话 65-63368813

中国海南的移民于1841年抵达新加坡后大多在当地英国家庭担任管家或厨师，掌握了英国人烘焙糕点和煮咖啡的技巧，现今，在新加坡的咖啡店都可以品尝到这些由最初海南移民传下来的海南式咖啡和咖椰烤面包，不仅新加坡本地人喜欢当早餐和点心，很多游客也会慕名品尝。

6 武吉士

BUY

好买

Ⅰ 白沙浮市场

热闹的小型街头购物区 ▌推荐星级 ★★★

　　白沙浮市场在19世纪初期曾经是商人、船员和娼妓活跃的一处混乱街区，现今这里沿街两侧林立着数百家经营小吃、果汁、饰品、纪念品、T恤的商家，是新加坡少有的街头购物区之一。每年冬季榴莲成熟时，白沙浮市场还会弥漫着榴莲的味道，堪称一条榴莲之街。

攻略HOW

地址 229 Victoria Street
交通 乘地铁在武吉士站A出口出站后步行5分钟即可到达

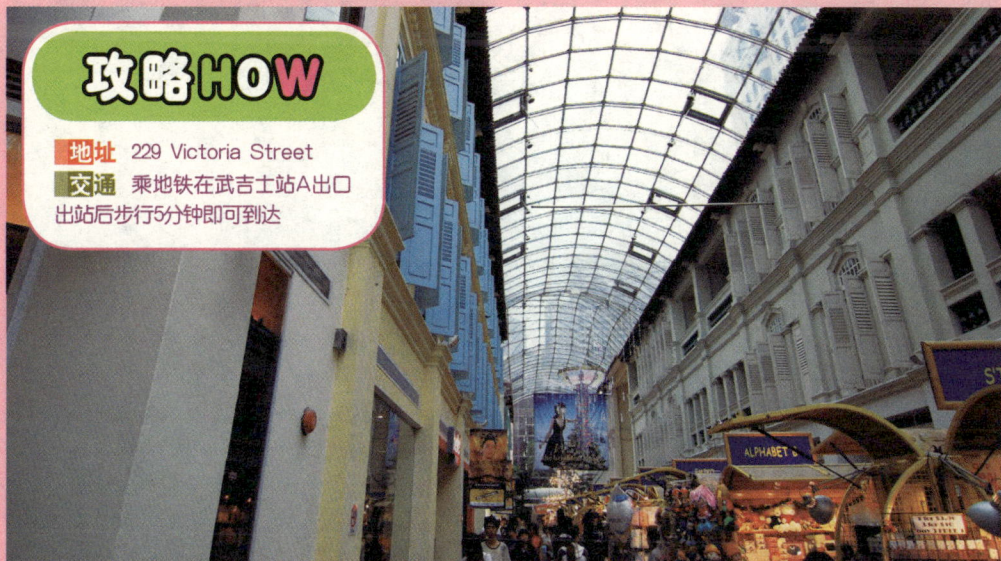

2 iluma

结合娱乐概念的大型购物商场 ▮ 推荐星级 ★★★★

iluma不同于新加坡众多购物商城，而是一处结合娱乐概念的全新购物商场，其采用全世界首创的水晶网饰装置使上千个隐藏灯泡的光穿透，使得建筑外观呈现蜂窝造型，散发着不同光芒。在iluma内除了众多商家外，还设有卡拉OK、综合游乐场Tornado和电影院等休闲娱乐设施，屋顶庭园拥有三家美味餐厅，购物之余可在这里享受美食美景。

攻略HOW

地址 201 Victoria Street
交通 乘地铁在武吉士站C出口出站
电话 65-68359249

3 白沙浮购物广场

玻璃屋顶下的传统店屋群 ▮ 推荐星级 ★★★★

攻略HOW

地址 200 Victoria Street

交通 乘地铁在武吉士站C出口
出站后即可到达

电话 65—63348831

由新加坡传统店屋群组成的
白沙浮购物广场有上百家商家，
经营少女服饰、项链DIY、个性T—
恤和玩偶等商品，此外也有咖啡
店和美食街，是一条颇受年轻人
喜爱的休闲购物街。白沙浮购物
广场最大的特色就是其顶部全部
由玻璃屋顶遮挡，内部空调吹送
冷气，游人不必再担心风吹日晒
就可以在三座大楼间任意穿梭，
享受逛街购物的悠闲乐趣。

4 森林大厦

新加坡规模最大的IT中心 ▌推荐星级 ★★★★

　　汇集众多IT电子产品的森林大厦又名森林广场，是全新加坡规模最大、产品最全的著名IT中心。不过同国内IT卖场类似的是，森林大厦商家众多，经营的商品也是鱼龙混杂，而大部分商品价格比国内也没有多少优势，如果不是对自己眼光很有信心，或是遇到国内罕见的品牌与型号，最好不要盲目出手。

攻略HOW

地址 1 Rochor Road
交通 乘地铁在武吉士站A出口出站后步行5分钟即可到达
电话 65-63383859

7 中央商业区

PLAY 好玩 088

EAT 好吃 090

BUY 好买 092

7 中央商业区

PLAY

好玩

I 新加坡中央商业区

摩天大楼汇集的现代都市 ▌推荐星级 ★★★★★

　　新加坡中央商业区汇集了众多摩天大楼和百货商场，是一处集展览、金融、会议、购物、观光和娱乐于一身的综合性商务圈，同时也是新加坡最现代化的商业区，充满现代大都会的独特魅力。在中央商业区除了鳞次栉比的摩天大楼外，也有优雅的花园和大片绿色的草坪，不负其"花园之国"的美誉。

攻略HOW

■**地址** 地铁莱佛士坊站
■**交通** 乘地铁在莱佛士坊站出站后即可到达

② 市区重建陈列馆

了解新加坡的城市发展历程 ▌推荐星级 ★★★★

攻略HOW

地址 45 Maxwell Road

交通 乘地铁在丹戎巴葛站F出口出站后步行5分钟即可到达

电话 65-63218321

新加坡市区重建陈列馆拥有三层楼的展示空间，通过视频、资料、图片及互动式介绍，令游人形象直观地了解新加坡的城市发展历程，展现出新加坡在土地利用和自然文化保护方面做出的种种努力。此外，值得一提的是，在市区重建陈列馆内，还有一处100平方米的建筑模型和巨幅航拍照片，使人们无须登高就可一览新加坡的城市全景。

7 中央商业区

EAT

好吃

Ⅰ 老巴刹

新加坡规模最大的小吃中心 ▓ 推荐星级 ★★★★★

攻略HOW

地址 Robinson Road与Boon Tat Street交会处
交通 乘地铁在莱佛士坊站F出口出站后步行10分钟即可到达

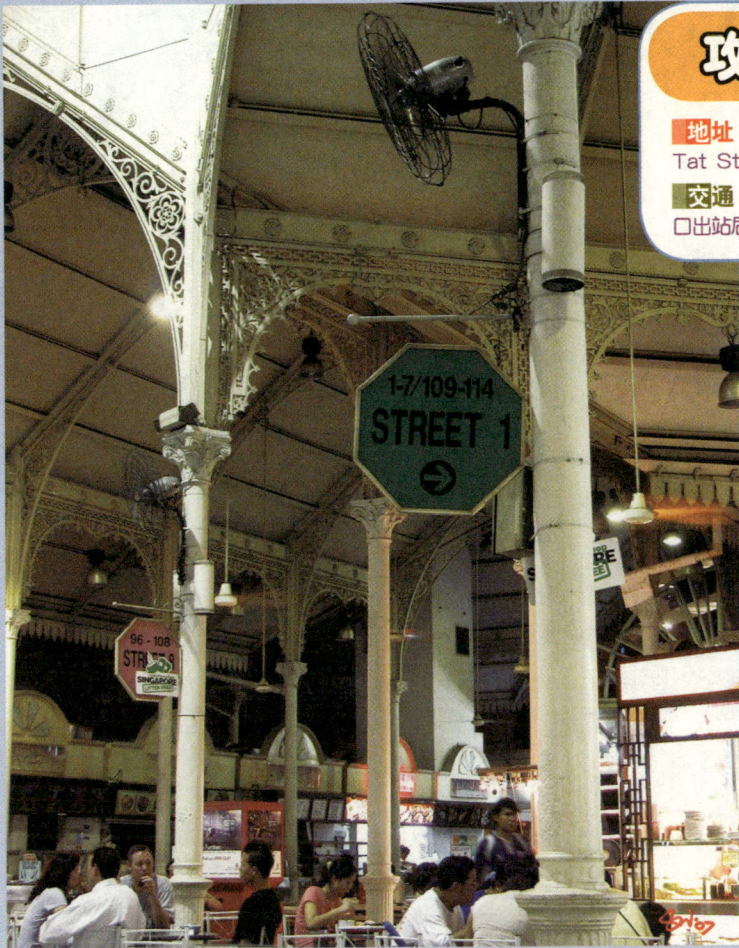

老巴刹建于1984年，是一幢拥有美丽铸铁雕饰，屋顶建有钟塔的维多利亚风格建筑。最初老巴刹曾是一座传统菜市场，现今则改建为新加坡规模最大的小吃中心，在这里可以品尝到肉骨茶、福建薄饼、鱼头米粉、福建炒虾面和各式南洋冰品等美味小吃，吸引了众多游客慕名来到这空气中都弥漫着浓郁香气的小吃中心大快朵颐一番。

2 亚坤咖椰吐司

品尝新加坡最受欢迎的传统早餐 ▌推荐星级 ★★★★

攻略HOW

地址 18 China Street
交通 乘地铁在莱佛士坊站H出口出站后步行10分钟即可到达
电话 65-64383638

亚坤咖椰吐司店内可以品尝到新加坡人喜爱的传统早餐——咖椰吐司，这种用碳火烘烤，之后在吐司上涂好鸡蛋和椰奶调制而成的咖椰食品搭配上一碗半生鸡蛋和咖啡或奶茶的早餐不仅当地人爱吃，很多来新加坡的观光客也慕名尝试，是感受新加坡当地传统饮食文化的一道风景线。

7 中央商业区

BUY

好买

I 远东广场

阴阳五行理念设计的购物休闲广场 ▌推荐星级 ★★★★

攻略HOW

地址 32 Pekin Street, #04-01 Far East Square

交通 乘地铁在莱佛士坊站H出口出站后步行10分钟即可到达

电话 65-65327868

　　将直落亚逸街、克罗士街、中国街和北京街围在一起的远东广场充满中国风水阴阳五行的设计理念，拥有大量餐厅、咖啡店、纪念品店、书店、庙宇等，以广场正中的厦门街为主，远东广场内大量保留了古老的店屋，古老与现代相互融合，成为颇受年轻人喜爱的休闲娱乐购物广场。

乌节路 8

PLAY 好玩 095

EAT 好吃 098

BUY 好买 101

8 乌节路

PLAY

乌节路

好玩

1 土生华人坊

典雅华美的华人洋楼建筑群 ▌推荐星级 ★★★★

攻略HOW

地址 Emerald Hill
交通 乘地铁在索美塞站B出口出站后步行大约5分钟即可到达

土生华人坊所在的街区在20世纪初是东南亚一带经商致富的土生华人聚居区，沿街的店屋式洋楼华美典雅，已有百余年历史，是新加坡一处颇具规模的历史古建筑群。现今这些洋楼大多被改为餐厅、酒吧或咖啡屋，在逛街欣赏之余，也可走入其中小憩片刻，从内至外仔细欣赏这些融合了当地马来建筑风格和中国传统古建筑特点的洋楼。

095

2 AKB48剧场

AKB48第一家海外公演剧场 ▌推荐星级 ★★★★

地址 2 Orchard Link
交通 乘地铁在索美塞站B出口出站

位于乌节路附近的AKB48剧场是日本偶像组合AKB48第一家在海外开设的公演剧场。和位于日本的剧场一样，这里每个月都会举行两次公演，都是由日本成员亲自来新加坡演出，有的时候姐妹组合SKE48和NMB48也会加入演出，每到演出的时候剧场周围总是人满为患，即使是没有买到票的人也会待在剧场附近，只是为了感受这热烈的气氛。

在剧场附近还有AKB48的专营店，里面会出售各种官方周边商品，常有粉丝到这里来一掷千金，一点也不心疼钱包大出血。

3 良木园酒店

殖民风格的典雅酒店 ▌推荐星级 ★★★★

地址 22 Scotts Road
交通 乘地铁在乌节站A出口出站后步行大约5分钟即可到达
电话 65-67377411

始建于1900年的良木园酒店其前身曾经是德军俱乐部，这幢充满新加坡殖民时代风格的建筑在1929年成为五星级酒店，拥有200余间装饰华美、融合东西方元素的客房，以及美轮美奂的白色高塔和拱廊，其中白色高塔内的顶级套房更是极尽奢华。

4 乌节夜市

新加坡夜晚最热门的娱乐休闲地 ▌推荐星级 ★★★★★

攻略HOW

地址 435 Orchard Road Wisma Atria

交通 乘地铁在乌节站C出口出站后步行大约10分钟即可到达

乌节夜市是新加坡夜晚最热门的娱乐休闲地之一，每到夜晚，乌节路都会褪去白天的喧嚣与繁华，取而代之的是四周亮起五彩缤纷的霓虹灯，伴随着各种知名与不知名的乐队演奏，空气中弥漫着诱人的香气，可以品尝各种新加坡特色小吃和美食，还有冰凉的啤酒和果汁，可悠闲安逸地享受这别具特色的夜生活。

8 乌节路

EAT 好吃

1 Bengawan Solo Cake Shop

品尝美味正宗的娘惹糕点 ▌推荐星级 ★★★★★

攻略HOW

地址 176 Orchard Road

交通 乘地铁在索美塞站B出口出站后步行大约3分钟即可到达

电话 65-67346641

Bengawan Solo Cake Shop的老板娘Tjendri Anastasia从印度尼西亚来到新加坡，由于热爱制作糕点，于1973年创立了这家娘惹糕点店，迄今已有近40年历史，是新加坡颇为知名的一家正宗娘惹糕点店。在Bengawan Solo Cake Shop内最受欢迎的就是千层糕和Lapis Sagu，不要错过。

---

2 南蛮亭

口味正宗的日式烤鸡串 ▌推荐星级 ★★★★

攻略HOW

地址 05-132 Far East Plaza, Orchard Road

交通 乘地铁在乌节站C出口出站后步行大约10分钟即可到达

电话 65-67335666

在远东商业中心开店已有10余年的南蛮亭是一家经营正宗日式烤鸡串的餐馆，由于追求饮食品质和店主坚持的烧烤方法，这家店内所用的烧烤木炭全部来自日本纪州，因而口味绝对正宗。除了美味的烤鸡串外，在南蛮亭还可以品尝各式日本小吃，是逛街之余享受美餐的绝佳选择。

3 老曾记

老字号的美味咖喱饺 ▌推荐星级 ★★★★

地址 545 Orchard Road
交通 乘地铁在乌节站C出口出站后步行大约10分钟即可到达

老曾记开业于1956年，迄今已有半个多世纪的历史，是一家在新加坡颇为知名的老字号咖喱饺专卖店。最初老曾记只是沿街摆摊贩卖咖喱饺，由于其用料新鲜，口味绝佳因而逐渐迎来回头客，现今在新加坡已经开有30家分店，位于乌节路的这家老曾记每天都是大排长龙，除了招牌的咖喱饺外，老曾记的咖喱鸡肉包和芋泥批也不可错过。

4 基里尼路咖啡店

历史悠久的新加坡传统早餐店 ▌推荐星级 ★★★★

已有80余年历史的基里尼路咖啡店外观简朴，这家颇受新加坡本地人喜爱的咖啡店可以品尝到老板每日用祖传秘方做成的咖椰烤吐司和半生鸡蛋。由椰浆、鸡蛋、白糖和乌枣调配制成的咖椰酱以及炭火烘烤的吐司片，以及加上胡椒和酱油的半生鸡蛋都令人食指大动，是新加坡人最喜爱的传统早餐，也吸引了众多来新加坡观光的游客前来品尝。

地址 67 Kiliney Road
交通 乘地铁在索美塞站A出口出站后步行大约5分钟即可到达
电话 65-67343910

5 纽顿圆环美食中心

热闹的小吃大排档 ▌推荐星级 ★★★★

攻略HOW

地址 Newton Circus Food Centre

交通 乘地铁在纽顿站出站后即可到达

纽顿圆环美食中心毗邻纽顿地铁站，这里每到19:00左右就会聚集众多游客，而空气中也会弥漫着炒蚝煎、鱼丸面、炒虾面等小吃的诱人香气。纽顿圆环美食中心拥有近百个摊位，其中不乏人气颇高的明星摊位，如合记炒蚝煎、明发福建炒虾面、天香大虾面和顺华鱼丸面都是不可错过的美味摊点。

1 永记蚝煎 纽顿圆环最受欢迎的明星小吃摊

在纽顿圆环美食中心内最受欢迎的永记蚝煎每晚都会人满为患，摊位前坐满低头吃喝的客人，永记用豆芽菜、青菜和蚵仔加鸡蛋快炒后制成的蚝煎口感特殊，再配上甜辣酱后肥美的蚵仔令人吃后意犹未尽。此外，永记蚝煎用米粉和面条，加上虾子、花枝、鸡蛋、猪肉和豆芽菜等翻炒而成的福建虾面也是颇受食客欢迎的美味，不可错过。

好买

威士马广场

年轻人喜爱的时尚购物天堂 ▌推荐星级 ★★★★★

威士马广场内汇集了超过100家精品商店，除了翡翠、杜果、贝贝、FCUK、豪雅表、冲浪女孩儿等，伊势丹百货店、海伦精品店、波特国际时尚箱包等品牌外，NIKE还在这里设立了新加坡第一家旗舰店，是一处深受年轻人喜爱的时尚购物天堂。此外，威士马广场内还有大量美食餐厅，可在购物逛街之余品尝美味料理。

攻略HOW

地址 435 Orchard Road
交通 乘地铁在乌节站D出口出站后即可到达
电话 65-62352103

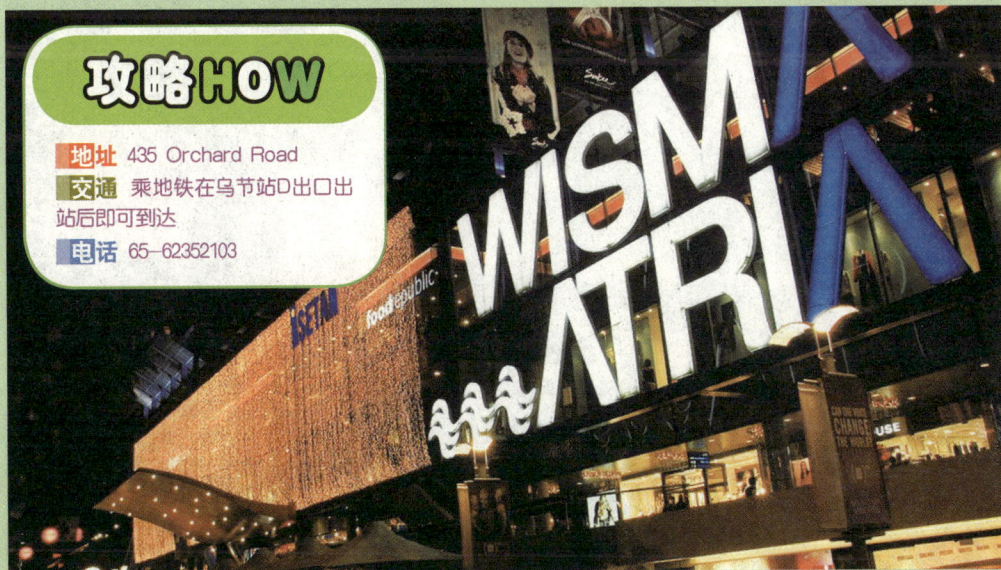

② 先得坊

新加坡规模最大的购物广场之一 ▌推荐星级 ★★★★★

攻略HOW

地址 176 Orchard Road
交通 乘地铁在索美塞站B出口出站后步行大约3分钟即可到达
电话 65-67379000

历史悠久的先得坊深受当地居民欢迎，是新加坡规模最大的购物广场之一，除了众多平易近人的服饰和生活用品外，先得坊内也有众多年轻人喜爱的时尚名牌入驻，眼镜、服饰、家具、IT电子产品、运动器材、中东地毯、艺术品、古董和各色手工艺品应有尽有。

3 麒麟大厦

深受年轻人喜爱的购物百宝箱 ▎推荐星级 ★★★★

攻略HOW

地址 260 Orchard Road

交通 乘地铁在索美塞站B出口出站后步行大约10分钟即可到达

电话 65-67334725

外观现代的麒麟大厦充满时尚韵味，在名牌林立，商场遍地的乌节路上，麒麟大厦以最新最时髦的休闲生活概念而深受年轻人喜爱。在麒麟大厦内的HWV音乐CD唱片行可以找到各种类型的音乐专辑，甚至许多早已绝版的唱片专辑也可以在这里找到。此外，麒麟大厦内还有大量经营青少年流行服饰的商家，还可以设计自己中意的首饰样式，是追求时尚潮流的年轻人不容错过的一处淘宝地。

4 邵氏大厦

超大规模的新加坡地标性商厦 ▌推荐星级 ★★★★★

攻略HOW

地址 350 Orchard Road
交通 乘地铁在乌节站C出口出站后步行大约5分钟即可到达
电话 65-62351150

邵氏大厦共有10层，是一座集美食、购物、影视、办公于一体的现代化综合大厦。邵氏大厦内部除了以伊势丹商场为主的购物城外，拥有八座放映厅的丽都影城也位于邵氏大厦的顶层，而电影院的墙壁上则是一排手绘电影海报，颇受电影爱好者青睐。

5 义安城

新加坡最大的购物中心之一 ▌推荐星级 ★★★★★

攻略HOW

地址 391 Orchard Road
交通 乘地铁在乌节站C出口出站后步行大约5分钟即可到达
电话 65-67381111

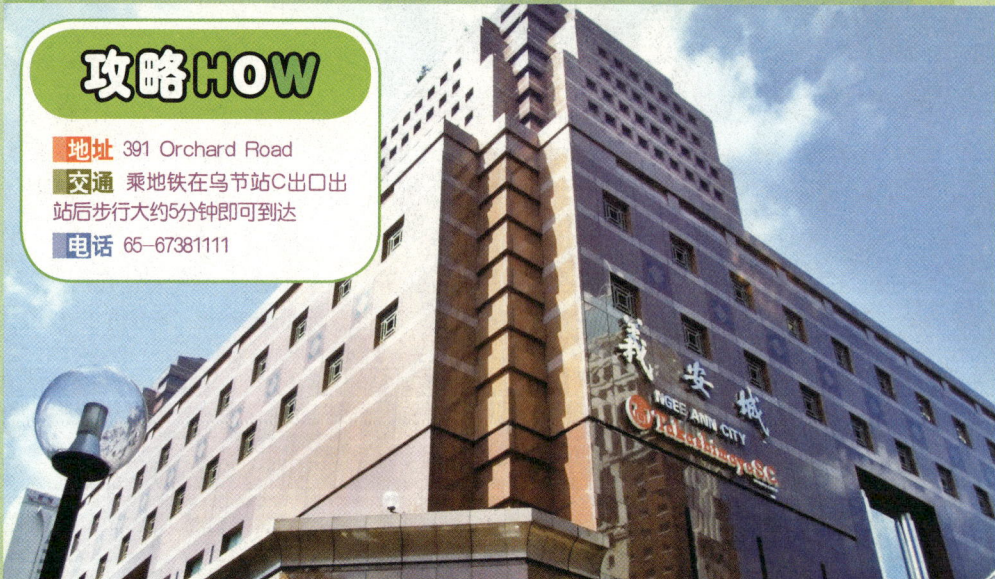

义安城共分7层，是一处融合了东西方不同建筑风格的购物广场，此外还有新加坡国家图书馆的分馆，别具特色。在义安城内最吸引目光的就是这里的CHANEL、BALLY、BURBERRY、FENDI等世界知名品牌的专卖店，此外还有整个东南亚地区最大的LV旗舰店也入驻这里，这些装饰奢华的店面也吸引了众多追求时尚生活品位的购物狂来这里淘宝扫货。

6 Knightsbridge

巨大的媒体墙和创意橱窗 ▮ 推荐星级 ★★★★

地址 270 Orchard Road
交通 乘地铁在索美塞站B出口出站
电话 65-66038888

Knightsbridge位于新加坡君乐酒店内，这里最大的特色就是巨大的媒体墙作为建筑外观，内部则是众多知名品牌的旗舰店汇集在一起，成排的创意橱窗则成为新加坡每季最热门的时尚话题之一。

7 SCAPE

青春洋溢的复合空间 ▮ 推荐星级 ★★★★

攻略HOW

地址 2 Orchard Link
交通 乘地铁在索美塞站B出口出站
电话 65-65216565

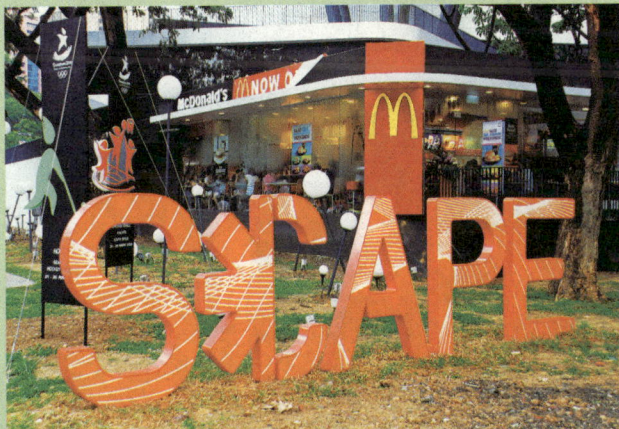

位于文华购物廊后方的SCAPE是一处集购物、餐饮、娱乐、表演场地、录音间、联谊中心、电台、舞蹈学校、唱片公司等多功能于一体的复合式休闲空间。在SCAPE内，所有店铺的装饰与经营的商品都充满青春活力，其中位于三层的海蝶制作公司更是一手捧红了阿杜和林俊杰等知名歌手的知名制作公司，吸引了众多忠实Fans慕名而来。

8 福临购物广场

新加坡最大的玩具贩卖场 ▌推荐星级 ★★★★

攻略HOW

地址 583 Orchard Road
交通 乘地铁在乌节站C出口出
站后步行大约10分钟即可到达
电话 65—67322469

福临购物广场毗邻新加坡希尔顿酒店，外墙上画满大量色彩鲜艳、造型可爱的卡通人物，商场内拥有从益智玩具到机械玩具，从毛绒玩具到可爱的木偶和布娃娃，适合各年龄段儿童的玩具，是新加坡规模最大的玩具贩卖场，同时也是一处充满童心童趣的玩具主题乐园。

9 远东商业中心

年轻人假日逛街休闲的热门商场 ▮推荐星级 ★★★★

远东商业中心内不论流行服饰、珠宝钟表、当季鞋款、眼镜、CD甚至美容沙龙、纪念礼品和定做西装的裁缝店等应有尽有，其中新加坡的年轻人最喜欢在这里购买各种服装饰品，充满青春时尚的动感活力，逛街购物之余也可在商场内的餐厅、咖啡屋休息聊天，是年轻人假日休闲、逛街的热门首选。

攻略HOW

地址 14 Orchard Road
交通 乘地铁在乌节站A出口出站步行5分钟
电话 65-62352411

10 文华购物廊

水晶玻璃屋内的时尚购物廊 ▌推荐星级 ★★★★

　　由文华酒店花费巨资修建的文华购物廊以其水晶流线般的艺术造型吸引了过往行人的目光，其四层楼的营业空间内汇集了100多家店面，经营包括服饰、珠宝、腕表、运动用品、休闲生活用品等，其中不乏D&G、Y-3、Boss Orange、Marc by Marc Jacobs与Emporio Armani等品牌，深受年轻人喜爱。

攻略HOW

地址 333A Orchard Road
交通 乘地铁在索美塞站B出口出站
电话 65-68316363

11 Orchard Central

充满艺术感的购物广场 ▌推荐星级 ★★★★

攻略HOW

地址 181 Orchard Road
交通 乘地铁在索美塞站B出口出站
电话 65-62381051

　　Orchard Central建筑外观充满时尚现代元素，其不规则的外观包裹着银灰色的网状线条，每到夜幕降临，四下流动的光影宛若宝石一般璀璨生辉，Orchard Central内汇集了大量个性小店，其中不乏自创服装品牌、小饰品和创意商品的年轻人在这里开店追求梦想，而置身其中，周围琳琅满目的特色商品也令人有一种寻宝的乐趣。此外，在Orchard Central的高层，还可以透过玻璃墙俯瞰繁华热闹的乌节商圈。

12 百利宫

充满艺术感的休闲生活馆 ▌推荐星级 ★★★★

百利宫由Paragon Market Place和Marks & Spencer两家知名百货公司组成，其大门前黑铜色的雕塑颇为引人注目，被视为设计师品牌和奢侈品的理想之地。在百利宫内汇集了大量世界著名的时尚品牌，此外还设有艺廊、美发沙龙、运动用品、家居饰品、异国餐厅等，是一处提供顶级购物环境的时尚天堂。

攻略HOW

地址 290 Orchard Road
交通 乘地铁在乌节站C出口出站后步行大约5分钟即可到达
电话 65-67385535

13 313@Somerset

平价时尚的购物城 ▌推荐星级 ★★★★

攻略HOW

地址 313 Orchard Road
交通 乘地铁在索美塞站B出口出站后步行可达
电话 65-64969300

与地铁索美塞站连成一体的313@Somerset由于占尽地利，每天都是人流熙攘，商场内的商品价格也是平易近人，来自西班牙的ZARA和日本的优衣库，以及美国品牌Foever 21等时尚品牌都可以在这里找到，是一处深受年轻人喜爱的平价时尚购物城。

14 董氏购物中心

新加坡当地人最喜爱的购物中心 ▌推荐星级 ★★★★

创立于1958年的董氏购物中心历史悠久，商场红檐廊柱绿色屋瓦的传统中国建筑风格至今依旧是新加坡当地居民的最爱。高五层的董氏购物中心以时装为经营重点，在商场内设有不同的主题区域，不论亚洲名牌还是欧洲经典的时尚品牌都可以在这里找到。此外，除了男女时装，董氏购物中心内还有床单、枕头、窗帘以及厨具、电器等品类丰富的居家生活用品，加上其优质的服务，无愧其"新加坡百货业之王"的称号。

攻略HOW

地址 310 & 320 Orchard Road
交通 乘地铁在乌节站C出口出站后步行大约5分钟即可到达
电话 65-67375500

15 幸运购物广场

选购平价电子产品 ▌推荐星级 ★★★

攻略HOW

地址 300 Orchard Road
交通 乘地铁在乌节站C出口出站后步行5分钟即可到达
电话 65-62353294

　　在乌节路上，幸运购物广场以可以砍价而闻名，在幸运购物广场内，可以看到来自世界各地的观光客与店家讨价还价，购买各种价格便宜的游戏机、相机、摄像机、手表、手机等商品。此外，在幸运购物广场地下一层还有玉石珠宝店入驻，柜台内琳琅满目的宝石令每一个经过的人都心动不已。

16 ION Orchard

顶级时尚精品购物新体验 ▌推荐星级 ★★★★★

于2009年开业的ION Orchard地处乌节地铁站上方，不仅交通极为便利，同时也是乌节路乃至整个新加坡曝光率最高的时尚精品购物中心，其8层楼的营业空间内入驻了超过400家不同品牌的精品店，其中不乏LV、Prada、Giorgio Armani和Dolce&Gabbana等国际知名品牌的旗舰店，堪称新加坡顶级奢华的时尚地标之一。

17 DFS Galleris Scottswalk

新加坡免税店的旗舰店 ▊ 推荐星级 ★★★★★

位于凯悦饭店对面的DFS Galleris Scottswalk拥有四层楼的营业面积，是新加坡规模最大的免税店，在这里可以买到众多价格平实的国际知名品牌商品，其中在DFS四层更是有超过30种的世界级时尚品牌入驻，令人不禁眼前一亮，也吸引了众多追求时尚品位生活的购物狂专程来这里"购物扫货"。

攻略HOW

地址 25 Scotts Road
交通 乘地铁在乌节站C出口出站后步行大约5分钟即可到达
电话 65－62298100

18 世界城

以世界为主题的百货商城 ▊ 推荐星级 ★★★★

攻略HOW

地址 Kim Seng Road
交通 乘地铁在乌节站出站后步行大约15分钟即可到达
电话 65－67373855

外观大气的世界城以世界为主题设计修建，商场内西装、手表、皮件、运动鞋、相机、光碟都可以买到，而且不仅商

品种类繁多，品牌与产地也是世界各国无所不有，无愧其"世界城"的名字。除了来自世界各地的商品外，世界城的美食区也有来自世界各国的不同美食，香气四溢的美味料理令人印象深刻，也可以从另一角度了解世界城包容世界的理念。

19 史各士购物中心

时尚流行主题的购物中心 ▌推荐星级 ★★★★

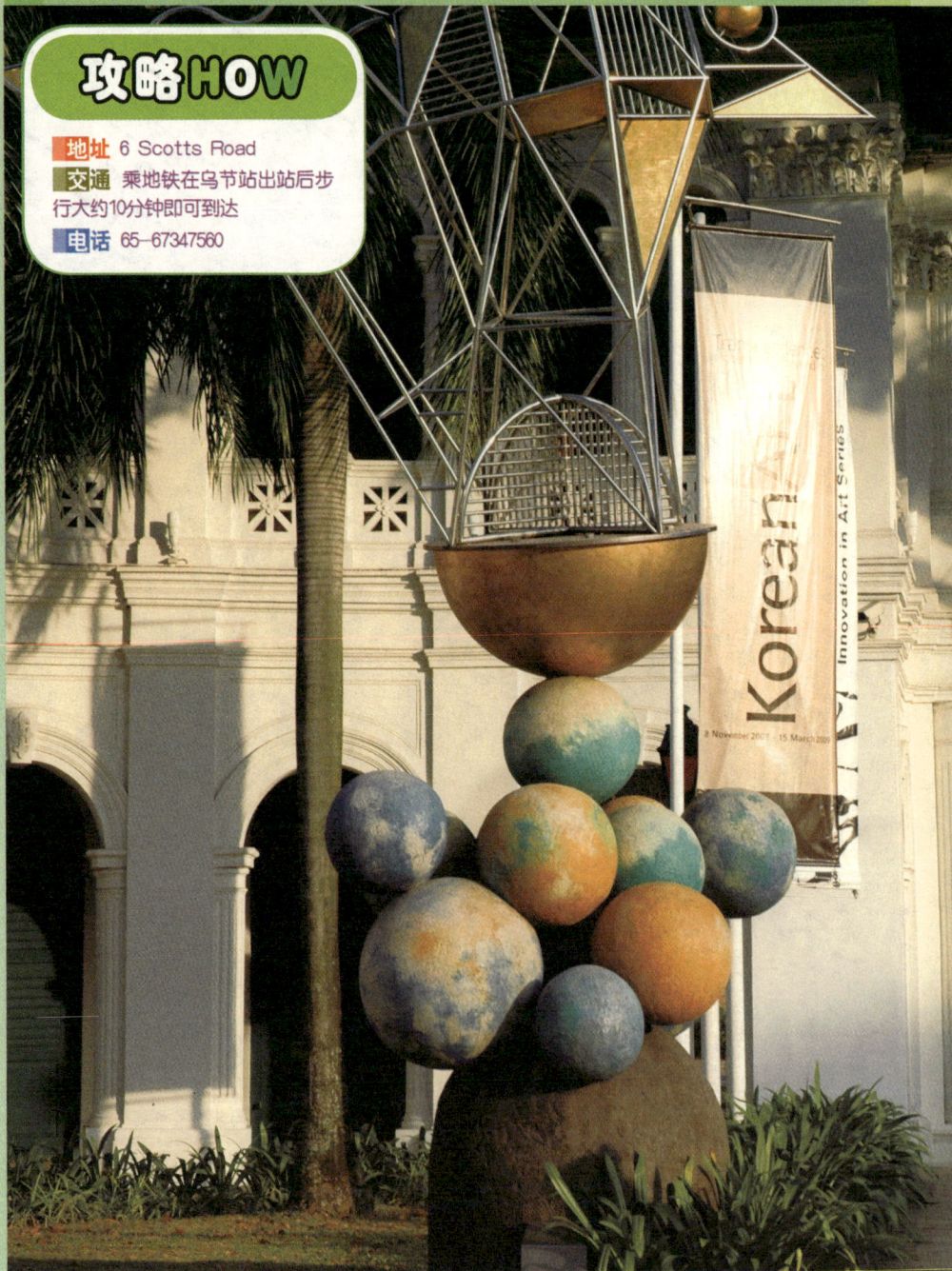

攻略HOW

地址 6 Scotts Road

交通 乘地铁在乌节站出站后步行大约10分钟即可到达

电话 65—67347560

史各士购物中心地处繁华的史各士路上，拥有来自世界各国的品牌专卖店和众多特色商家入驻其中，不论男女，都可以在史各士购物中心内轻易找到适合自己的时尚服饰。此外，在史各士购物中心内还可以买到众多世界各地的高档名牌香水和化妆品，是一座以流行时尚为主题的大型购物中心。

20 太平洋广场

为年轻人开办的时尚乐园 ▎推荐星级 ★★★★

攻略HOW

地址 9 Scotts Road
交通 乘地铁在乌节站C出口出站后步行大约10分钟即可到达
电话 65-67335655

被称为年轻人时尚乐园的太平洋广场拥有几乎所有年轻人感兴趣的商品，其中美国最大的唱片连锁店也入驻这里，其品类繁多的唱片几乎涵盖了全世界所有音乐的种类，堪称一座唱片宝库。此外，在太平洋广场除了各种时尚的服装饰品店，还有出售各类新奇创意商品的店家，是年轻人假日周末休闲逛街的首选。

牛车水 9

PLAY

好玩

1 宝塔街

牛车水最著名的三条道路之一 ▌推荐星级 ★★★★★

宝塔街位于新加坡"唐人街"牛车水的显眼位置，是牛车水最著名的三条道路之一。街口矗立的牛车水最古老的兴都庙是这里的标志，庙里有高高耸立的塔楼，因此这里才会被叫做宝塔街。这里商贩云集，沿街到处都能看到出售有中国风情的小商品，各种大小路边摊更是数不胜数，随处都能听到熟悉的乡音，让人不禁以为身处国内一般。出售的商品也琳琅满目，冰箱贴、小相框、钥匙链等都随意地挂在门口的旋转展示牌上，谁都能任意挑选。

攻略HOW

地址 Pagoda Street
交通 乘地铁在牛车水站A出口出站

② 牛车水原貌馆

感受华人当年的艰难时光 ▌ 推荐星级 ★★★★★

牛车水原貌馆位于宝塔街上，原本是一座三层的旧式洋楼，后来经过大幅修整后成为现在的博物馆。中国人很早就已经踏足新加坡，他们大多以出卖劳动力为生，生活十分艰苦，这座馆里就完全反映了他们过去的生活状态。走进这里宛如穿越了一条时光隧道，通过大量翔实的资料将过去中国移民们的困苦生活和艰难历程重现在人们眼前。在这里甚至还能品尝到他们当年吃的食物，让人印象更为深刻。

攻略HOW

地址 48 Pagoda Street

交通 乘地铁在牛车水站A出口出站

电话 65-63252878

门票 9.8新元

3 新加坡佛牙寺龙华院

收藏着佛牙舍利的寺庙 ▍ **推荐星级 ★★★★★**

新加坡佛牙寺龙华院是牛车水地方较新的一座寺庙，始建于2002年。这里最为重要的标志当属寺内高近百米的巨大佛牙塔，这座宝塔采用了唐朝时期的传统工艺和造型，在周围普通民舍的映衬下更显得气势磅礴。在寺内正殿里供奉着弥勒佛的塑像，整个佛像金碧辉煌，神情安详，显出造像艺术的最高境界。此外，寺里最珍贵的宝物就是佛牙舍利，舍利子放置在重达320公斤的黄金舍利塔中，吸引了众多信徒前来朝拜。

攻略HOW

地址 288 South Bridge Road

交通 乘地铁在牛车水站A出口出站

电话 65-62200220

4 斯里马里安曼寺

气势恢弘的印度教寺庙 ▌ 推荐星级 ★★★★★

斯里马里安曼寺位于牛车水的中心地带，是新加坡最古老的印度教寺庙，建于1827年。从外观上一看就能看出这座寺庙恢弘的气势，25米高的寺庙大门上雕刻着无数印度教诸神的彩绘神像，各个神情生动，栩栩如生。这里至今还保留着印度教的传统习俗，不管是游人还是香客，要进入这里必须先脱鞋、摇铃，然后方能入内。寺庙内到处都是精美的壁画和神像，在牛车水地区别具一格，更带来一种庄严肃穆的氛围。

地址 242 South Bridge Road

交通 乘地铁在牛车水站A出口出站

电话 65–62234064

牛车水

5 客纳街

牛车水著名的娱乐街 ▮ 推荐星级 ★★★★

客纳就是英文中"Club"的意思，顾名思义，这里是牛车水著名的娱乐街。白天这里就好像一条普通的街道，路两侧都是传统造型的店屋。而到了晚上，各色霓虹灯就会相继亮起，各色酒吧、咖啡厅、舞厅等则相继开门迎客。街上立刻就变得喧闹无比，浓厚的异国情调搭配着美酒、音

攻略HOW

地址 Club Street
交通 乘地铁在牛车水站A出口出站

乐，更是让人沉醉不已。这里是青年男女约会的首选之地，浪漫的烛光下不知有多少爱侣在耳鬓厮磨。

6 黄包车总站

感受过去辉煌的黄包车交通 ▌ 推荐星级 ★★★★

早在19世纪80年代，黄包车便被引入新加坡，一举成为新加坡当时最受人欢迎的交通工具。1903年，黄包车总站建成，在最盛时曾有2万多名黄包车车夫。到了"二战"后，更先进的汽车取代了这种人力车，黄包车也渐渐淡出了人们的视线。但是黄包车总站却被保留了下来，这座传统英式红砖建筑内如今已经是酒吧和餐厅的天地，但是当年的招牌却依然清晰可见，述说着这里曾经辉煌的历史。

攻略HOW

地址 1 Neil Road
交通 乘地铁在丹戎巴葛站出站

7

詹美清真寺

东西合璧风格的清真寺 ▎ 推荐星级 ★★★★

　　詹美清真寺自1827年起便已经矗立在牛车水了，是由来自南印度的丘利亚人（Chulias）所建。这座清真寺的建筑风格相当奇特，首先建筑并不与街道平行，而是径直朝向圣城麦加的方位。同时清真寺的建筑风格也融合了东西方的特色，其入口是典型的南印度风格，而正殿和两个祈祷大厅则是新加坡殖民时期的西方古典艺术风格，这两种看起来格格不入的建筑风格有机地融合在一起，这也正是这座清真寺的看点所在。

攻略HOW

地址 218 South Bridge Road
交通 乘地铁在牛车水站出站

8 直落亚逸街

各种移民文化的交会处 ▌ 推荐星级 ★★★★

直落亚逸街位于直落亚逸浦边，这里曾经是新加坡最繁华的海湾之一，是各方移民最先登陆的场所，各种商行、会馆和寺庙正说明了这里的文化多样性。如今喧闹的海湾早已不见，取而代之的是高高耸起的摩天大楼，但是唯有直落亚逸街依然保存了很多旧时的景象，中国人的天福宫、印度教的寺庙、伊斯兰教的清真寺和西洋教堂等毗邻而居，营造出一种匪夷所思的景象，这种多文化的大融合正说明了这条古老街道上深厚的历史文化沉积。

攻略HOW

地址 Telok Ayer Street
交通 乘地铁在丹戎巴葛站F出口出站

9 天福宫

儒释道三教合一的宫观 ▌ 推荐星级 ★★★★

攻略HOW

地址 158 Telok Ayer Street
交通 乘地铁在丹戎巴葛站出站

天福宫是华人在新加坡建造的最古老的宫观之一，始建于1839年，是最早的中国移民们为了供奉妈祖而建。这座宫观完全是中国传统建筑的造型，琉璃瓦覆盖的飞檐上还装饰有精美的龙纹图案。而且据说当时建造宫观所用的花岗岩、木料等建筑材料全都是从中国的福建运来的，可以说这是一座土生土长的中国建筑。宫内除了供有妈祖外，还有孔子、关公、佛祖释迦牟尼、观音菩萨等多位神祇和圣人像，也是中国多种宗教交融的体现。

10 纳哥德卡殿

南印度移民建造的清真寺 ▌推荐星级 ★★★★★

纳哥德卡殿是19世纪时这里的南印度移民为了纪念到访的印度教圣人而建的。当时的直落亚逸是一座汇集了世界各地航海者的海港，而纳哥德卡殿也正体现了这种多文化的交融。这座清真寺的建筑整体虽然是南印度的风格，但是其中还是夹杂了不少西方古典主义的部分，比如拱门与廊柱等。同时清真寺的顶端修筑成宫殿的样式，拥有小巧的拱门和圆窗，使得它整体显得气势宏伟，具有很高的艺术价值。

攻略HOW

地址 140 Telko Ayer Street
交通 乘地铁在丹戎巴葛站F出口出站

11 丹戎巴葛保留区

古老传统的保留区 ▌推荐星级 ★★★★★

丹戎巴葛保留区位于丹戎巴葛路，这里原本是运输港口货物上岸的主要通道，因此留有很多古老的商铺和建筑物。如今这里的一切都完好地保留了下来，在保留区内可以发现很多中国传统文化的东西，比如中药铺、茶坊、木屐店、书法店等，传统中还带一丝新意。此外还有不

攻略HOW

地址 Neil Road、Tanjong Pagar Road、Maxwell Road

交通 乘地铁在丹戎巴葛站A出口出站

少经营各国美食的餐厅，让人们不用行走老远就能尝遍世界各地的经典美味。

12 卫理公会礼拜堂

新加坡最古老的基督教礼拜堂 ▌ 推荐星级 ★★★★

　　卫理公会礼拜堂成立于1889年，当时美国卫理会的传教士率先来到这里为南亚的居民传播基督教教义，并在文达街创办了这座小教会，经过100多年的发展，这座小教会礼拜堂也发展成为如今三层楼高的大礼拜堂，是卫理公会华人教会中历史最悠久的一处教堂，同时也是当年卫理公会的传教士最先向当地华人传播福音的地方。如今的卫理公会礼拜堂依然保留着原有的传统式样，在浓厚的古罗马建筑风格中又融入了富有中国特色的飞檐翘角等装饰，使整座建筑显得中西合璧，很有创意。

攻略HOW

地址 235 Telok Ayer Street

交通 乘地铁在丹戎巴葛站出站

13 福德祠

华人移民最早建造的庙宇 ▌推荐星级 ★★★★

攻略HOW

地址 Far East Plaza, Telok Ayer Street

交通 乘地铁在丹戎巴葛站出站

福德祠位于新加坡的直落亚逸区，又名望海太伯公庙，距今已经有近200年的历史。早在新加坡开埠之初，就有华人来到这里，他们最初上岸的地方就是如今的直落亚逸区。于是他们就在这里建了福德祠，如今这里依然是当地华人的信仰中心。祠堂采取了中国古代衙门式的造型，门槛高达30多厘米，在大门左右还放着一对令牌，显得气势不凡。同时这里还作为新加坡第一处街道博物馆，里面陈列着不少早期华人在这里生活的遗物遗迹，很具历史价值。

Red Dot Traffic

警察总署改建的创意园区 ▍ 推荐星级 ★★★★

攻略HOW

地址 28 Maxwell Street
交通 乘地铁在丹戎巴葛站B出口出站
电话 65-65347001

Red Dot Traffic的前身是新加坡交通警察总署，因此正如其名，整座建筑被漆成大红色，从老远就能清楚地看到。如今这里是一处创意设计园区，专门展出来自世界各地的设计和创意。每到周末，这里还会举行个人的创意小市集，会有不少人在这里摆摊卖各种造型新颖奇特的商品、绘画、服饰等。此外，在这里还有不少设计公司、咖啡厅等休闲去处，是人们放松身心，释放压力的好地方。

15 阿尔阿布拉清真寺

造型非常朴素的清真寺 ▌ 推荐星级 ★★★★

攻略HOW

地址 192 Telok Ayer Street
交通 乘地铁在丹戎巴葛站出站

阿尔阿布拉清真寺同样是由来自南印度的穆斯林所建，位于直落亚逸街南端。和同样是南印度移民所建的纳哥德卡殿不同，这里显得十分朴素。外面有两座并不算高的尖塔，围墙和大门也没有过多地进行修饰。里面的建筑一律都采用红砖瓦砌成，也不带有任何的装饰。这种朴实的风格使得阿尔阿布拉清真寺成为新加坡众多寺庙中最平凡的一座，但是这里依然以厚重的历史迎来了八方游客。

16 硕莪街

浓郁的中国风情 ▌推荐星级 ★★★★

硕莪街是牛车水地区的主要街道之一，过去在这里曾经聚集了不少制作西米的工厂，所以当地人就以谐音为这里起名叫硕莪街。如今这里到处都充满了浓浓的中国味，在路两旁随处都是中国传统店铺，四处糕饼飘香，各种工艺古玩和中草药铺鳞次栉比。其中最吸引人的还是那些出售中国传统糕点的饼铺，在这里可以买到云片糕、菠萝包、老婆饼、酥皮蛋挞等价廉味美的糕点，深受当地人的喜爱。

攻略HOW

地址 Sago Street

交通 乘地铁在牛车水站A出口出站

9 牛车水

EAT

好吃

I 麦士威熟食中心

规模不小的小吃集中地 ▌推荐星级 ★★★★

攻略HOW

地址 Maxwell Road
交通 乘地铁在丹戎巴葛站B出口出站

麦士威熟食中心位于牛车水南部，是一个远近闻名的美食大排档。这里拥有100多个大小摊位，出售各种新加坡本地和周边国家的特色小吃与美食，更时常有流动

的小贩出入于街道之中，吆喝声不绝于耳。在这里还有不少在当地非常有知名度的店铺，比如以经营海南鸡饭为主的天天鸡饭，以传统的美食皮蛋瘦肉粥闻名的Zhen Zhen Porridge，还有Marina South Delicious Food的炒粿条也很受食客欢迎。

② 史密斯街

遍布路边的传统小吃摊 ▌推荐星级 ★★★★★

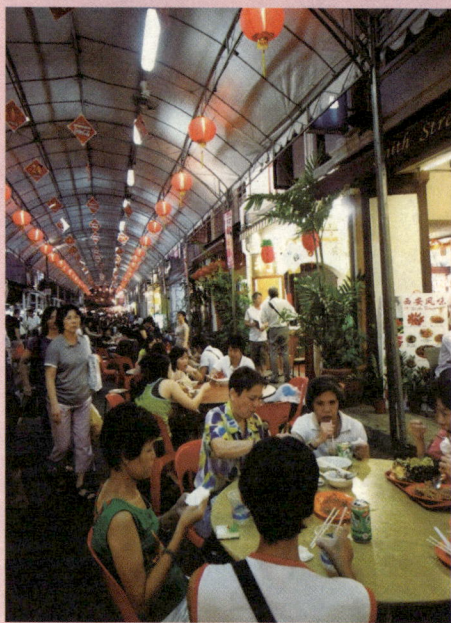

史密斯街早在英国殖民时期就是当地铁匠和商人的聚集场所，所以街名也是因英文中的铁匠一词而来。而后来这里就开始散落着不少经营小吃的小贩摊点，曾经一度是脏乱差的代名词，新加坡政府在2001年对这条街进行了大规模的整治。如今这里小吃摊点都经过卫生等部门的认证，井然有序，使得这条街成了新加坡小吃的代名词。此外，在史密斯街上可以买到不少新加坡传统风味的小吃，包括著名的马来小吃"娘惹"以及很受人们青睐的炒粿条等。

攻略HOW

地址 Smith Street
交通 乘地铁在牛车水站A出口出站

3 大东酒楼

吃正宗的北京烤鸭 ▌ 推荐星级 ★★★★

攻略HOW

■**地址** 39 Smith Street Chinatown

■**交通** 乘地铁在牛车水站A出口出站

位于史密斯街上的大东酒楼是一家开业于1928年的老店，在当地享有盛名。走进店里就能看到挂在墙上的名人题词和照片，可见这里在新加坡人心中的地位。这里主要以经营中国饭菜为主，尤其是这里的大东北京烤鸭最为知名，这里的烤鸭采用了传统的烤制手法，皮脆肉嫩，肉香而不腻，即使不身处北京也能品尝到正宗的北京烤鸭风味。此外油浸顺福鱼、大东点心、咖啡排骨王和生汁虾球都是这里的招牌菜，人们游览之余绝不容错过。

9 牛车水

BUY

好买

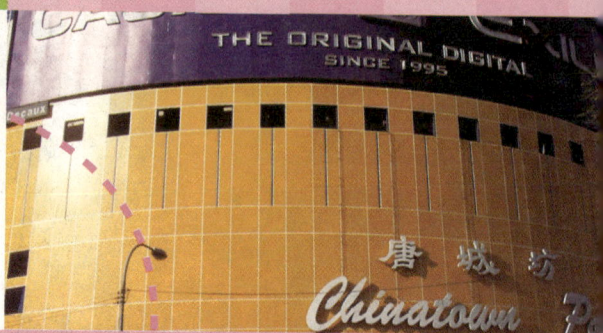

THE ORIGINAL DIGITAL SINCE 1995

唐城坊 Chinatown P

1 牛车水大厦

兼具购物和娱乐的商业大厦 ▌推荐星级 ★★★★★

攻略HOW

地址 335 Smith Street Singapore 050335

交通 乘地铁在牛车水站A出口出站

牛车水大厦位于硕莪街上，是1972年在殡仪馆遗址上建立起来的，这座商业大厦兼具购物和娱乐的功能，不仅销售各式各样的中国商品，还有各种电子产品、纺织品和打折化妆品等。与此同时，这里还是著名的品尝新加坡美食的好地方，每到吃饭时间，各个餐馆里都是人头攒动，在这儿能吃到最正宗的新加坡美食，味道一流，物美价廉，不光是海外游客，就连本地人都对这里饭菜的味道交口称赞。

② 丁加奴街

出售中国传统服饰和美食 ▌推荐星级 ★★★★

　　繁华热闹的丁加奴街是牛车水"唐人街"中最主要的街道之一，主要以出售各种中国传统服饰、工艺品和美食为主。在这里无论是长短旗袍、长袍马褂、手染布衫还是丝绸布料等均可以买到，而且花样款式齐全，做工也很精致。此外各种经典的中国美食更是必不可少的，各种干面、汤面、鱼丸汤等物美价廉，让人们即使身处国外也能体验到熟悉的家乡美食。而且在这里可以通行无阻地用中文交谈，教人倍感亲切。

攻略HOW

地址 Trengganu Street
交通 乘地铁在牛车水站A出口出站

3 唐城坊

出售各种传统的中国货物 ▌推荐星级 ★★★★

唐城坊位于牛车水的克罗士街，这座建筑的设计十分精巧，整个楼被设计成一个螺旋形结构，在克罗士街诸多建筑中独树一帜。而且顾客可以乘坐电梯直达楼顶，然后从上往下逛遍整个商场，而且中途还不用走楼梯上下，让人颇感新鲜。这里面的商品大多面向普通顾客，价格适中，以中低档货品为主。各种中国式的木屐、纸雨伞、陶瓷餐具以及翡翠饰品等都充满了浓浓的中国风。甚至这里还有不少中国古董出售，好像带人进入了一个小博物馆。

攻略HOW

地址 133 New Bridge Road
交通 乘地铁在牛车水站A出口出站
电话 65-65340112

4 冯满记席庄

坚固好用的藤席 ▍推荐星级 ★★★★

　　冯满记席庄是新加坡首屈一指的藤席经营店，这里从百年前就开始将来自印度尼西亚马辰的藤料制作成坚固耐用的藤席。如今这里的藤席依然采用最传统的制作工艺，因为物美价廉而远销整个东南亚。除了藤席外，这里还出售各种中药药膏和药油，包括治疗跌打的镇痛膏，治疗风湿关节炎的千里追风油等，不光深受中国游客的喜爱，甚至一些金发碧眼的西方人也到这里来选购。

攻略HOW

地址 16 Sago Street
交通 乘地铁在牛车水站A出口出站

5 大中国饼家

出售中式糕点的老字号 ▍推荐星级 ★★★★

攻略HOW

地址 34 Sogo Street
交通 乘地铁在牛车水站出站
电话 65-64381663

　　大中国饼家在牛车水已经经营了60多年，经历了两代传人。从店名和店面装饰就能看出这里充满了浓浓的中国风情，各色糕饼点心就陈列在店前的玻璃货柜中，这里主要经营各种豆沙包和广式月饼，隔着货柜就感觉糕点的香味都要从里面透出来一样，让人直流口水。尤其是到了传统的中国节日，这里更是会推出不少节庆糕点，通常一下子就会被抢购一空。

6 林志源肉干

新加坡闻名遐迩的肉干店之一 ▋推荐星级 ★★★★★

攻略HOW

地址 203 New Bridge Road
交通 乘地铁在牛车水站出站
电话 65-62278302

肉干也称作肉脯，是新加坡最常见的小吃，也是家家逢年过节必备的食品。位于牛车水的林志源肉干是新加坡闻名遐迩的肉干店之一，这里的肉干口味多样，除了常见的牛肉干、猪肉干外，还有鸡肉干、虾肉干等较为少见的品种，而且味道也分辣、咸等多种，此外还有种类多样的猪肉丝等。因此虽然林志源肉干出产的肉脯只有3个星期的保质期，但是每天店门前依然会排满前来购买的游客。

7 胡振隆肉干之家

创意十足的肉干店 ▌**推荐星级** ★★★★

胡振隆原本是一家靠制作麻油香油起家的商店，后来转行经营肉干。这家店将全部精力都投放在开发新产品上，这里的肉干创意十足，除了普通常见的虾肉干、鸡肉干、猪肉干、牛肉干外，还有很罕见的龙虾肉干和鸵鸟肉干，让人忍不住都要买一点品尝一番。除了肉干外，这里还擅长做虾米卷和葱蒜虾米，这种入口松脆爽利的小吃更是当地人的最爱，也是用来馈赠亲友的最好手信。

攻略HOW

地址 12 Sago Street
交通 乘地铁在丹戎巴葛站出站
电话 65-63245825

8

美珍香肉干

新加坡历史最悠久的肉干店 ▌推荐星级 ★★★★★

BEE CHENG HIANG

攻略HOW

地址 189 New Bridge Road
交通 乘地铁在牛车水站A出口出站
电话 65-62237059

　　美珍香肉干是新加坡各个肉干品牌中历史最悠久的一个，至今已经经营了70多年。因为其丰富的经验而使得这个品牌成为新加坡肉干中的佼佼者。这里出产的肉干的特点归纳起来就是"美"、"珍"、"香"三个字，

美珍香　BEE CHENG HIANG

SALE
1 box
$23.90
2 boxes
$39.90

美就是指色美，肉干颜色鲜艳，让人一看就有吃的冲动；珍就是指味珍，采用独特的配方和调料，味道鲜美而独特；香就是指香气，美珍香的肉干会发出浓烈的烧烤香味，让人一闻就垂涎三尺。

9 中峇鲁市场

体验新加坡平民的生活 ▍推荐星级 ★★★

中峇鲁市场是新加坡主妇们最喜欢的地方，这里以出售各种蔬果、鸡鸭、鱼虾和各式干货为主，每天都能看到不少主妇到这里来选购一家人一天所吃的食品。不过，这些仅仅是这家市场经营的一个方面而已。正如去东京一定要去筑地市场，去中国台北一定要去士林夜市一样，中峇鲁市场也是外来游客必游的一处地方，这里到处都能看到出售新加坡传统小吃的店铺，是游客体验新加坡平民生活的大好去处。

攻略HOW

地址 83 Seng Poh Road, Singapore 160083

交通 乘地铁在欧南园站出站

电话 65-64381663

小印度 10

PLAY
好玩
145

EAT
好吃
155

BUY
好买
160

10 小印度

PLAY

好玩

I 小印度拱廊

小印度的繁华商业区 ▌推荐星级 ★★★★★

"小印度"是新加坡最具特色的地区，这里居住着很多印度移民的后代。而小印度拱廊则是这里最繁华的商业区。在小印度拱

攻略HOW

地址 Little India Arcade Little India Singapore

交通 乘地铁在小印度站出站

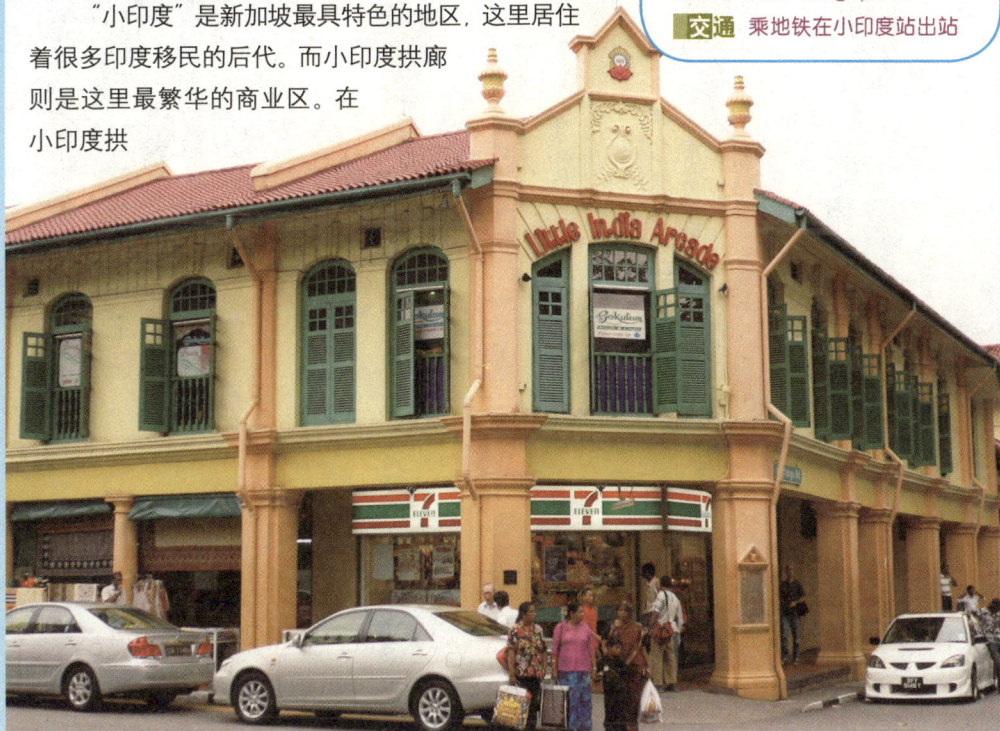

廊四处都充满了印度特有的气氛，放眼望去各种旧式的店屋林立，有的出售印度的香料，有的贩卖各种印度风情的服饰和工艺品，还有印度传统的小吃。只消在这处规模并不是很大的市场里转上一圈，就可以深切体验到印度的传统文化，并且可以满载而归。

① 印度甜点&香料　口感独特的印度味道

　　印度甜点向来是这里最具吸引力的风味之一，它以印度传统的口味为基础，又根据新加坡的地方特色加以改进，十分好吃。印度是世界上重要的香料产地之一，小印度拱廊处自然也少不了香料的身影，它既可以作为装饰品，也有可以食用的种类。

② 印度彩绘　独特的印度艺术

　　印度彩绘是印度的一大特色，来到这里的游客们也能体验到这种古老的民俗的非凡魅力。这种彩绘用的是指甲花的汁液，主要在手上、脚上绘出美丽的花纹，如果再搭配上饰品，更是精美无比。

③ 印度风格家居饰品　印度风情浓郁的家居饰品

　　在小印度拱廊有众多经营印度风格家居饰品的商家，不论灯罩、窗帘、挂毯、背包、桌布都充满浓郁的印度风情，其鲜艳的色彩和复杂的线条颇受游客欢迎。

④ 印度手环饰品　颜色鲜艳的印度手环

　　印度手环饰品曾在无数影视剧中出现，现在已经成为南亚的代表性商品，小印度拱廊里也自然少不了它的身影。这些手环所用材料各有不同，既有玳瑁玉石的，也有金银等贵重金属的，有些上面还刻绘了精美的图案。

② 加宝路艺术地带

充满艺术气息的街道　■推荐星级 ★★★★

攻略HOW

地址 Kerbau Road
交通 乘地铁在小印度站出站

　　加宝路艺术地带是以浓郁的艺术氛围而扬名的，这里的许多建筑都极富艺术想象力，令来到这里的游客们惊讶不已。它们大都是新加坡各艺术团体与演艺公司的办公楼，建筑特点大都与屋主表演风格息息相关。这里有多家画廊和艺廊，其中以Plastique Kinetic Worms最为出名，里面展示的大都是当代风格的艺术作品。加宝路艺术地带还经常举行各种精彩的艺术表演活动，既有大名鼎鼎的印度舞蹈，也有中国的传统庆典表演。

③ 维拉玛卡里亚曼寺

气势宏伟的印度教神庙 ▊推荐星级 ★★★★★

攻略HOW

▊**地址** 141 Serangoon Road, Singapore

▊**交通** 乘地铁在小印度站C出口出站

维拉玛卡里亚曼寺是小印度地区香火最为旺盛的印度教神庙，它也是新加坡地区最大、最豪华的印度教神庙。这座神庙自建成之后就一直是这里的地标式建筑，信徒们会来这里虔诚地祭拜，游客们则能够欣赏这里独特的建筑艺术和各种精美的装饰物。维拉玛卡里亚曼寺最大的看点是寺庙上方塔楼上的一座座神像，它们的工艺精美，神态各有不同，周边还有繁复的花纹图案。

4 斯里尼维沙柏鲁玛寺

新加坡最为古老的印度教神庙 ▌推荐星级 ★★★★★

斯里尼维沙柏鲁玛寺是一座历史悠久的建筑，它虽然没有华丽的各种装饰物，但却有着气势宏伟的风格和庄重典雅的氛围。来到这里是参观教徒修行的好地方，他们会用清水洗涤自己的身体，以获得肉体与精神上的双重宁静。斯里尼维沙柏鲁玛寺最引人注目的是那座20多米高的印度教主神毗湿奴的神像，它那威严的

气势令天地为之动容。此外寺内还有拉克希米和安达尔这两位女神的神像，神鸟迦楼罗的雕像也在附近。

攻略HOW

地址 397 Serangoon Road

交通 乘地铁在花拉公园站G出口出站

5 阿都卡夫清真寺

伊斯兰风情的宗教建筑 ▮推荐星级 ★★★★

　　阿都卡夫清真寺是新加坡最著名的伊斯兰教建筑之一，它的风格华丽，在保持传统的伊斯兰式建筑精髓的基础上又增添了西方的建筑风格色彩，因而更显得魅力无穷。这里最醒目的地方是高耸的圆形尖顶，它和屋顶及外墙的色彩各有不同，却又相得益彰，让人赞叹不已。阿都卡夫清真寺最独特的地方是它的寺内外安装了大量的彩色灯泡，到了夜间，绚丽的彩灯将这里渲染得灿烂无比。

攻略HOW

地址 41 Dunlop Street
交通 乘地铁在小印度站C出口出站
电话 65-62954209

锡克教寺庙

具有现代风格的锡克教神庙 ▌推荐星级 ★★★★

攻略HOW

地址 2 Towner Road Singapore
交通 乘地铁在多美歌站出站

　　锡克教寺庙是新加坡最大的锡克教神庙，它的主体建筑是20世纪80年代重建的，因而兼具了锡克教的传统建筑风格和现代建筑的特色。这座寺庙的外墙上贴满了大理石片，弧形的大门处有着层层叠叠的台阶，据说其含有神圣之路的意义。寺庙内的建筑众多，其中最值得观赏的是祈祷堂，里面不但拥有直径13米的大型圆顶，还藏有锡克教的多部典籍。

7 陈东龄故居

小印度街区里的中华风情 ▌推荐星级 ★★★★

　　陈东龄故居是一栋典型的中国式别墅建筑，此类建筑在小印度街区里是比较少见的。这座建于繁华闹市的建筑是20世纪初修建的，因而具有清末建筑的特征，整体风格典雅精巧，但又不乏大方凝重之处。陈东龄故居又不乏东南亚地区的建筑特色，在这里就能看到当时流行的五脚基骑楼，它是这里最引人注目的房屋。走进这个别墅，能够感受到中国传统的宁静淡泊的特点，这与外界热闹的印度风格相得益彰。

攻略HOW

地址 37 Kerbau Road
交通 乘地铁在小印度站出站

好吃

Ⅰ 黄亚细肉骨茶餐室

品尝新加坡传统小吃肉骨茶 ▍推荐星级 ★★★★

　　肉骨茶是新加坡的传统小吃之一，是由来到新加坡的华裔工人发明的。他们将中国传统的药茶和排骨、米饭等一起烹调，做成了既有营养又香气诱人的美食。开业于1973年的黄亚细肉骨茶餐室则是新加坡最著名的肉骨茶餐厅，这里选用猪骨加中药、香料和蒜头等材料一起熬煮而成的肉骨茶相比起马来式的肉骨茶来较为清淡，但是里面依然还有不少胡椒和大蒜，配上油条和猪肠，家族秘方制成的肉骨茶香热滑浓的感觉让人过口难忘，是到新加坡不可不尝的一道名点。

攻略HOW

地址 208 Rangoon Road
交通 乘地铁在花拉公园站B出口出站
电话 65-62947545

2 Komala Vilas Vegetarian Restaurant

风味独特的南印度餐厅 ▌推荐星级 ★★★★

Komala Vilas Vegetarian Restaurant也是小印度这里颇具特色的店家之一，和大多数印度餐厅经营的印度风味有所不同，这里主要是以南印度的口味为主，而且又因为南印度人大多以素食为主，所以这里的菜肴也都是素菜。这里的招牌菜当属Cone Dosai，这是一种样子好像小丑帽的薄饼，通常还会搭配上各种调料。一般人都是直接用手撕开蘸着调料吃下肚，味道香辣浓郁，很好吃，也很具民族特色，因此获得了不少人的青睐。

攻略HOW

地址 76、78 Serangoon Road

交通 乘地铁在小印度站C出口出站

电话 65-62936980

3 蕉叶阿波罗

放在蕉叶上的美味印度菜 ▌推荐星级 ★★★★

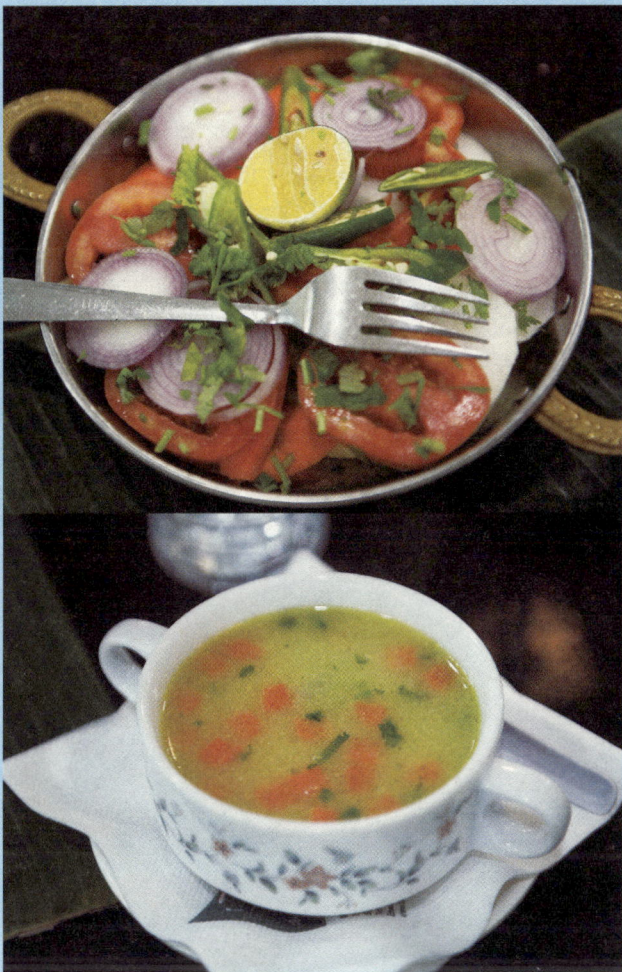

攻略HOW

地址 54-58 Race Course Road, Singapore

交通 乘地铁在小印度站C出口出站后即可到达

蕉叶阿波罗餐厅的一大特色是所有的菜肴都会放在一大片蕉叶上端上桌，这里的招牌菜咖喱大鱼头混合着蕉叶的清香，配上辛辣的印度咖喱汁，别具一番风味，此外还有咖喱鸡肉和大虾等美味也是不可错过的店家招牌菜。

4 德升美食花园

品尝印度风味的美食 ■ 推荐星级 ★★★★

攻略HOW

地址 1 Dickson Road Singapore

交通 乘地铁在小印度站C出口出站后步行5分钟即可到达

德升美食花园毗邻德升酒店，在这里可以品尝各种口味醇正的印度风味美食，如用米饭制成的印式米饼就是这里最受欢迎的食物之一，可以尝试如印度人那样用米饼蘸着有肉末的咖喱汁或香辣酱大口吃下，颇为美味。此外，德升美食花园内除了咖啡、茶和啤酒这些常见饮料外，也提供印度传统饮料，是享受纯正印度美食的绝佳选择。

5 德里餐厅

多次获奖的印度风味餐厅 ▌ 推荐星级 ★★★★★

攻略HOW

地址 60，Race Course Road

交通 乘地铁在小印度站C出口出站

　　开业于1988年的德里餐厅位于小印度的中心位置，顾名思义，这家餐厅主营印度菜，算是新加坡印度社区中小有名气的一家餐厅，据说在新加坡国内也曾经多次获得各种美食大奖。这家店里的厨师都是直接从印度聘请的高水准大厨，做出的Tandoor—Cooked meats、Malai Kebabs、Chicken Tikka&Tandoori等美味菜肴都是正宗的印度北部风味料理。除了各式美味招牌菜，这里的就餐环境也是非常舒适，对于想要品尝正宗印度菜的游人可称得上是上上之选。

6 Muthu's Curry

品尝美味的咖喱鱼头 ▌ **推荐星级** ★★★★

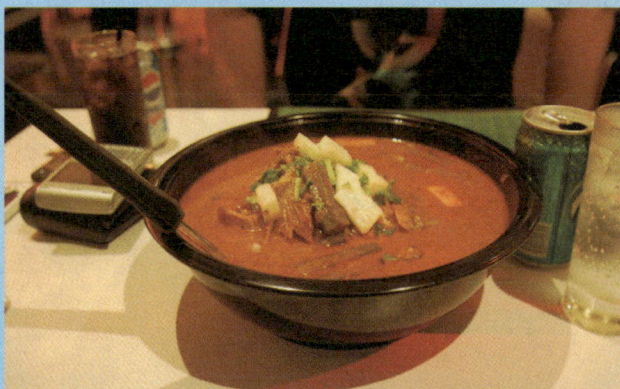

攻略HOW

地址 138 Race Course Road，#01-01

交通 乘地铁在小印度站C出口出站

电话 65-63921722

不知从何时起，印度风味的咖喱鱼头开始在新加坡风行起来，而位于小印度的这家Muthu's Curry就是以咖喱鱼头作为主打菜的餐厅。这家店至今已经经营了40多年，在经营者的不懈努力之下，这里已经走出了传统印度餐厅的窠臼，勇于跟上潮流不断创新，已经在新加坡各地开设了不少分店。这里的咖喱鱼头味道正宗，香辣味美，不愧是数十年积淀下来的老口味。除了鱼头外，这里还有其他印度咖喱菜式，都能使人印象深刻。

10 小印度

BUY

好买

① 实龙岗路

店铺众多的商业街 ▮ 推荐星级 ★★★★

攻略HOW

地址 Serangoon Road
交通 乘地铁在小印度站C出口出站

　　热闹繁华的实龙岗路不仅是小印度地区最著名的商业街，在整个新加坡地区也算得上是大名鼎鼎的繁华商区。这里店铺都是各具特色的，既有印度风情的纱丽店，也有出卖东南亚手工艺品的竹器店，当然也有给顾客量身定做首饰的金饰店，也有出售金银铜铁锡器的五金店。实龙岗路还是各种美味佳肴会聚的地方，不同风味菜肴能够满足不同食客的需求，其中以泰国菜的味道最令人满意。

2 甘贝尔巷

游客们淘宝的商业街 ▌推荐星级 ★★★★★

攻略HOW

地址 Campbell Lane
交通 乘地铁在小印度站C出口出站

甘贝尔巷是新加坡最著名的商业街之一，这里的店铺众多，各种商品应有尽有。走在这条热闹喧嚣的巷道上，可以看到不同特色的摊铺和商店，不同民族的游客和商家，一边用手拿着商品，一边用手势比画来砍价。甘贝尔巷还是购买各种鲜花的好地方，那些五彩斑斓的花朵有着清新淡雅的香味。在这里还能品尝到不同民族的风味小吃，其中以印度菜最为常见，竹筒椰子米糕、豆粉米包等都是令人垂涎三尺的佳肴。

3 城市广场

结合环保生态的购物中心 ▌推荐星级 ★★★★

攻略HOW

地址 180 Kitchener Road
交通 乘地铁在花拉公园站下
电话 65-65956595

全部以环保材料修建而成的城市广场屋顶为太阳能天窗，商场内有超过200家经营服饰精品、健康休闲用品、IT电子产品的商家，这些商家也多是强调绿色消费、健康环保，此外还有餐厅可供人用餐休息，购物之余，还可了解各种生态环保信息。

4 竹脚中心

热闹喧嚣的综合性集市 ▍推荐星级 ★★★

攻略HOW

地址 Tekka Centre , Little India Singapore

交通 乘地铁在小印度站C出口出站

竹脚中心是因其修建时被茂密的竹林所包围而得名的，现在这里则是一个多层的商业中心。一层是美食区，里面会聚了不同地区的风味佳肴，既有来自中国的海南鸡饭和粤式美食，也有由印度传来的口感酸辣的印度黄姜

饭，当然也少不了新加坡本地以及东南亚各国的美味佳肴。从二层开始则是购物区，在那里能够买到不同种类的商品，既有各民族的传统服饰和手工艺品，也有精美古玩和饰品。

5 慕达发中心

二十四小时营业的购物中心 ▌推荐星级 ★★★★★

攻略HOW

地址 145 Syed Alwi Road
交通 乘地铁在花拉公园站H出口出站
电话 65—62955855

慕达发中心是新加坡最著名的商业中心，这里人潮涌动，即使到了黎明时分也依然如常。来到这里能够听到不同语言的叫卖声和讨价还价声。慕达发中心是以印度风情的商品作为主打的，无论是深受女士欢迎的纱丽，还是各有特色的手工艺品，都是这里的特色产品。在慕达发中心内数量众多的商品各有特色，无论是衣服、香水、纪念品、电子产品、化妆品、糖果，还是食品和日用百货，各种商品一应俱全，而且大都价廉物美，吸引了当地居民和各地游人前来购物。

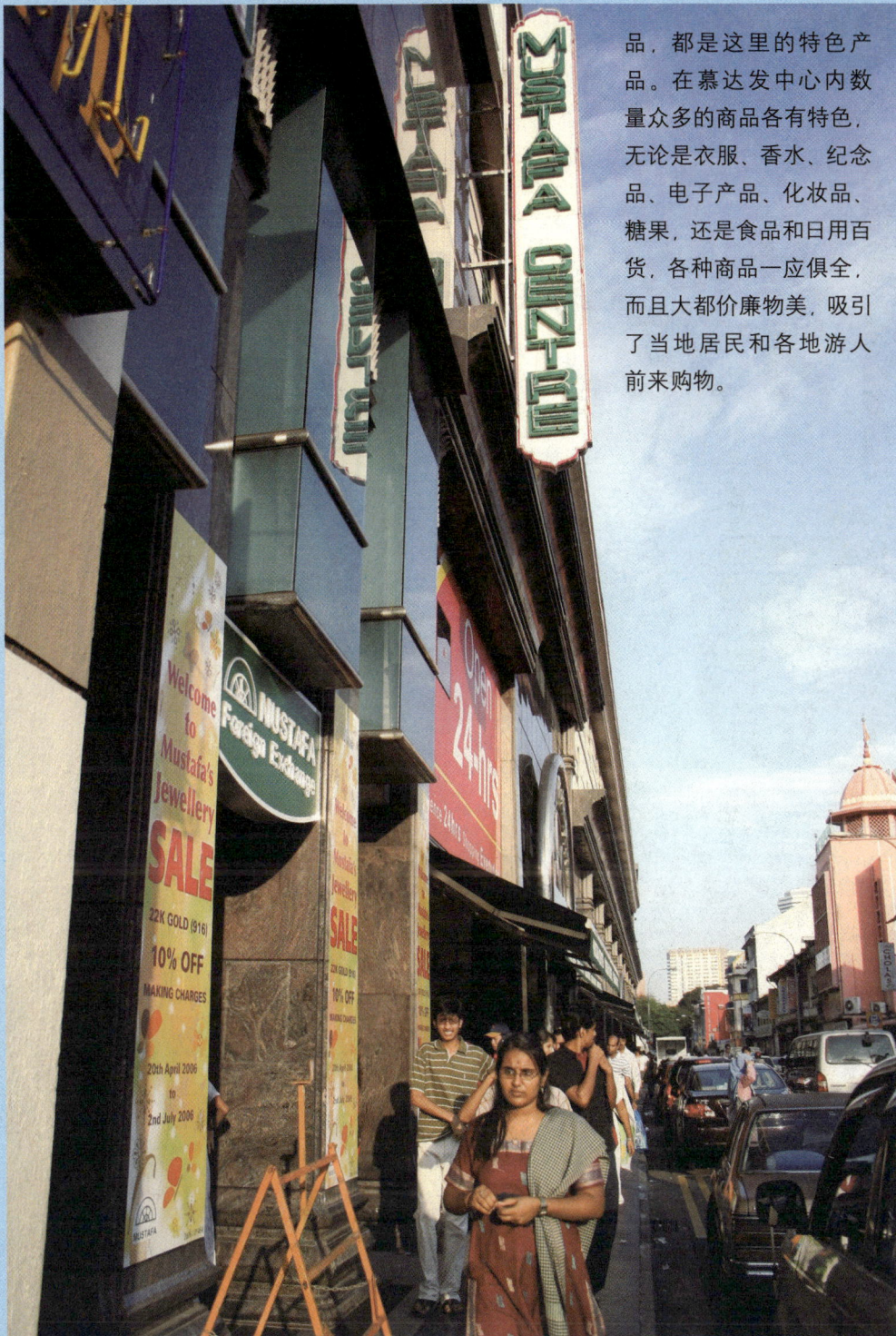

芽笼士乃 11

好玩

① 马来文化村

展示新加坡的马来文化 ▌推荐星级 ★★★★

马来文化村是展示新加坡的马来文化的地方，位于新加坡马来族群的文化中心芽笼士乃。这里分布着一座座传统的马来式建筑，角形的屋顶、细致的木雕装饰和色彩缤纷的碎花图案是这里的特色。在众多的木质房屋中间有一座砖砌的二层小楼，这就是根据马来乡村大会堂风格建造而成的狮城大礼堂，里面有一座25米宽的大舞台，可以同时容纳400人进行活动。此外，在村里还有不少马来特色商店，出售各种马来传统的小商品。

攻略HOW

地址 39 Geylang Serai

交通 乘地铁在巴耶利巴站A出口出站

电话 65-67484700

门票 5新元

② 坤成路

看东西合璧的小洋楼 ▎推荐星级 ★★★★

攻略HOW

地址 Koon Seng Road
交通 乘地铁在巴耶利巴站A出口出站

位于加东区的坤成路是新加坡的娘惹房屋保存最完好的街区，这些房屋大多都是由当地的华人富商及其后人所建。样式有别于传统的新加坡建筑的狭窄，更多的是一些宽敞的二层小洋楼，很多还用地中海式的百叶

Tembeling Rd

窗和科林斯式柱子进行装饰，其间还附加了不少马来式建筑所特有的特点，而建筑上的各种花纹却是明显的中国风格，可以说是三地建筑特色结合的经典范例。

11 芽笼士乃

EAT

好吃

I 328加东叻沙

不可不尝的叻沙 ▌推荐星级 ★★★★

　　来到新加坡旅游，叻沙是不可错过的当地食品。这种食品由娘惹人首创，用面条作为汤底，配上虾米、虾羔、蒜蓉、干葱、辣椒、香茅、南姜及椰汁，就成了一碗香气扑鼻的美

味叻沙。位于加东的328加东叻沙是当地最有名的叻沙店，店里挂着不少明星前来这里品尝的照片，证明这里的盛名远播。这里的叻沙在传统叻沙的风味上特别加入淡奶和椰汁，带有浓浓的奶香味，别具一格。无论是外来游客还是当地人吃过之后都赞不绝口。

2 辣椒香娘惹餐厅

新加坡著名的娘惹餐厅 ▍推荐星级 ★★★★

娘惹是对马来女子和福建男子通婚后的后代的称呼，娘惹文化在新加坡十分风行，而娘惹菜在新加坡也很受人追捧。娘惹菜保留了马来菜善于使用香料的技巧后再加入中式煮法，使得烧出来的菜味道浓郁香辣而又比传统的马来菜显得清爽而容易入口。辣椒香娘惹餐厅就是这么一家经营娘惹菜的餐厅，店老板非常喜欢娘惹菜，虽然他本身并非娘惹人，但是他凭借自己的热情和聪明，使得这家餐厅在短短几年内就大放异彩，成为新加坡著名的娘惹餐厅。

攻略HOW

地址 11 Job Chiat Placo, #01-03
交通 乘地铁在巴耶利巴站A出口出站
电话 65-62751002

3 金珠娘惹粽

别具新加坡特色的娘惹粽 ▍推荐星级 ★★★★

娘惹粽是娘惹菜中最重要的一个品种，位于加东的金珠娘惹粽就是娘惹粽的专营店。这家店至今已经有60多年的历史了，经营着娘惹粽、娘惹迷你粽、五香肉粽、娘惹糕、红龟糕和窝打等娘惹菜中的传统糕点。尤其是这里的娘惹粽，这种粽子源自中国的肉粽，使用猪肉和冬瓜混合做馅，然后加入五香粉调味，最后使用当地特产的香叶包裹，就成为香气四溢的娘惹粽。这种粽子吃起来味道和国内的肉粽大不一样，有机会一定要来品尝一下。

攻略HOW

地址 109/111 East Coast Road
交通 乘地铁在巴耶利巴站A出口出站
电话 65-67412125

芽笼士乃

11 芽笼士乃

BUY

好买

I 芽笼士乃巴刹

具有马来风貌的市场 ▍推荐星级 ★★★★

攻略HOW

地址 1 Geylang Serai #01-K1 Singapore 402001

交通 乘地铁在巴耶利巴站A出口出站

　　巴刹就是市场之意，芽笼士乃巴刹即是指芽笼士乃市场，这里是新加坡最具马来风貌的市场。有不少马来人在这里设摊经营，随处都能看到马来妇女选购商品的情景。同时各种马来语吆喝声也让这里显出一幅马来人平常生活的图卷。这里出售的商品多为马来人日常生活中的必需物品，诸如香茅、黄姜、肉桂、柠檬草等香料，或是头巾、饰品等马来传统服饰。是选购纪念品和手信的最好地方。

② 如切购物商场

芽笼区最著名的购物市场 ▍推荐星级 ★★★★

攻略HOW

地址 1 Joo Chiat Road
交通 乘地铁在巴耶利巴站A出口出站

　　如切购物商场是芽笼区最著名的购物市场，里面的货品囊括了吃穿住用等各方面，琳琅满目，让人目不暇接。尤其是富含马来风情的各色布料，无论是窗帘布、高级衣料还是各种材质的纱笼这里应有尽有。除了布料外，这里还会出售马来西亚特产的药油，各色药油在货柜上依次排开，散发着各自的气味。有的味道浓烈，让人头脑清醒；有的气味清香，是很不错的中草药。在这里人们可以各取所需，总能找到适合自己的商品。

3 加东古董店

传承古老的中国文化 ▎**推荐星级** ★★★★

攻略HOW

地址 208 East Coast Road
交通 乘地铁在巴耶利巴站A出口出站
电话 65—63458544

　　加东古董店位于新加坡最热闹的东海岸路，这里生活着不少华人，其中有部分人致力于文物的保护与收藏，好将中国的传统文化传给子孙。这家古董店就是出于这样的理念而建起来的，与其说它是古董店，不如说是一处收藏馆更为合适，这里收藏的古董都是店主跑遍新加坡千辛万苦搜集而来的，其中有很多更是非卖品，这些收藏品包括瓷器、字画、家具等，甚至还有一套1892年出版的马来文《三国演义》，都是中国传统文化的代表。

12 樟宜村

PLAY
好玩
176

12 樟宜村

PLAY

好玩

① 樟宜村

风景优美的旅游度假胜地 ▌推荐星级 ★★★★★

攻略HOW

地址 Changi Village

交通 乘地铁在丹娜美拉站B出口出站后换乘2号公交车在Changi Village站下车即可到达

樟宜村自然风光优美，这里的海滩、蓝天、椰子树、碧绿草地和舒适的度假屋都令人心驰神往，除了美食中心和特色餐厅外，还可以在海滩上烧烤，是东南亚一处著名的旅游度假胜地。此外，樟宜村还有众多人文景观，"二战"后为当地华人男子竖立的纪念碑和教堂也吸引了众多游人前往。

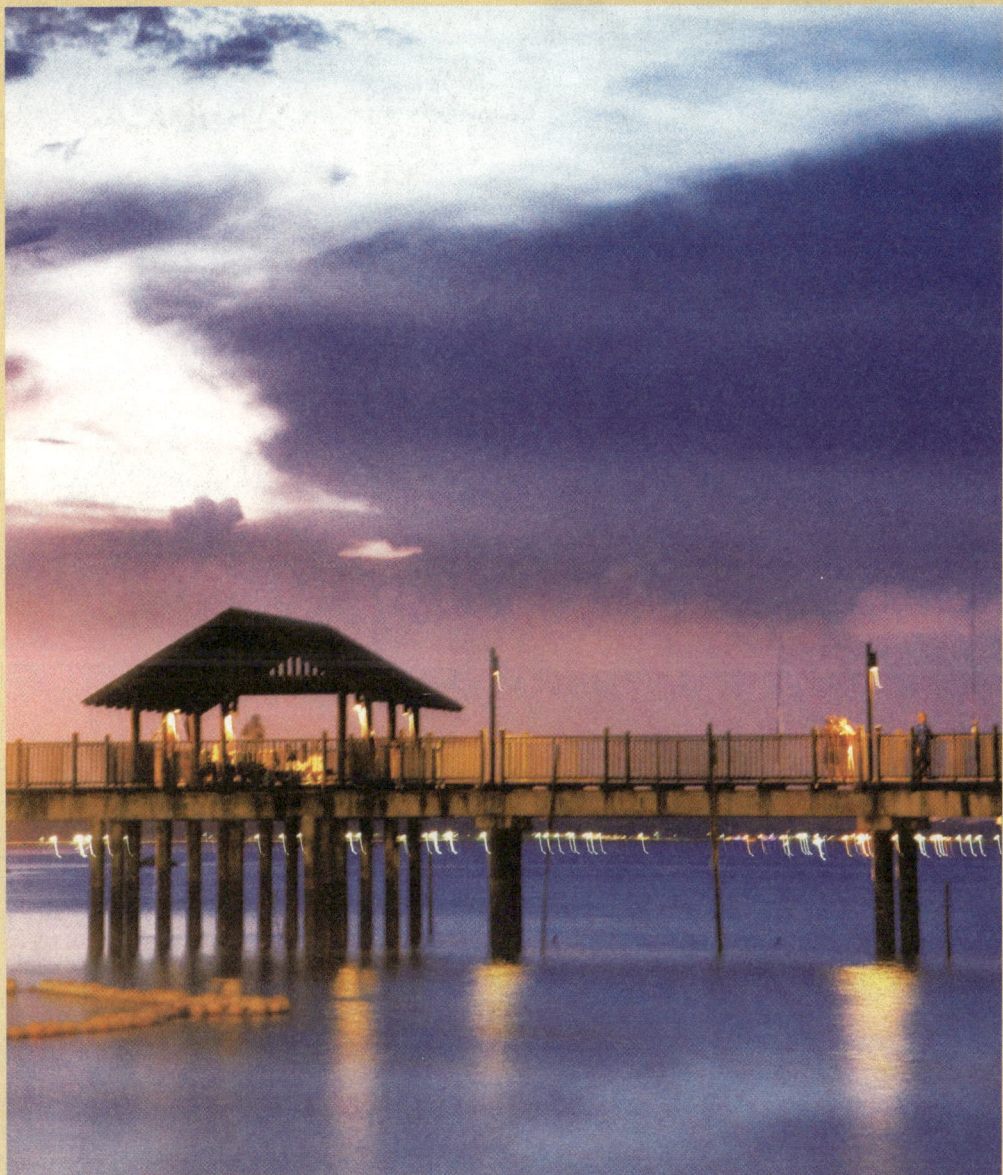

② 樟宜监狱教堂

纪念"二战"牺牲的英雄的监狱教堂 ▍推荐星级 ★★★★

樟宜监狱教堂位于一处露天庭院中，是日军占领新加坡期间令战俘修建的，这座木结构的教堂屋顶是用茅草铺盖，拥有两

攻略HOW

地址 1000 Upper Changi Road

交通 乘地铁在丹娜美拉站B出口出站后换乘2号公交车在Opp Changi Chapel & Museum站下车即可到达

电话 65-62142451

排露天座椅，"二战"后政府又重新整修教堂，并在侧面墙壁悬挂了祈福板，以纪念在"二战"期间樟宜地区牺牲的英雄。

1 博物馆　了解当年的历史

　　樟宜监狱博物馆内收藏了大量书信、照片和私人物品，同时还有一系列复制的樟宜壁画，在这里参观可以了解樟宜地区在"二战"期间发生的众多动人故事，感受当年战争期间平民所受的苦难。

3 Wild Wild Wet Water Theme Park

刺激的水上乐园 ▌推荐星级 ★★★★★

攻略HOW

地址 Downtown East,1Pasir Ris Close

交通 乘地铁在巴西立站A出口出站后换乘3、6、17、354号公交车在Downtown East站下车即可到达

电话 65–65819128

门票 12.9新元

　　Wild Wild Wet Water Theme Park毗邻Escape Theme Park，是新加坡规模最大的一处水上乐园。由于新加坡地处热带，因此全年都可以在园内体验各种滑道弯曲刺激的水上滑梯，橡皮船，以及小朋友最喜爱的模拟海浪、泳圈漂浮等各种水上娱乐设施，是消夏避暑的绝佳选择。

4 巴西立公园

迷人海滨观赏红树林 ▍推荐星级 ★★★★

巴西立公园地处海滨，游人站在海岸就可远远看到海岸对面的马来西亚，这里最著名的旅游项目就是骑自行车环游公园，沿途可以欣赏到奇妙的红树林沼泽地，感受大自然的无穷魅力。此外，靠海的巴西立公园还是一处适合各种海滩娱乐的地方，风驰电掣的快艇和岸边的攀岩都是深受年轻人喜爱的度假休闲项目，而露天烧烤和附近的渔村则可大快朵颐一番。

攻略HOW

地址 Pasir Ris Park
交通 乘地铁在巴西立站B出口出站后步行10分钟即可到达

5 Escape Theme Park

小型主题乐园 ▌推荐星级 ★★★★

攻略HOW

地址 Downtown East,1Pasir Ris Close

交通 乘地铁在巴西立站A出口出站后换乘3、6、17、354号公交车在Downtown East站下车即可到达

电话 65－65819112

门票 16.5新元

Escape Theme Park与Wild Wild Wet Water Theme Park毗邻，园内拥有10余种惊险刺激的娱乐设施，是一处规模不大的主题游乐园。在Escape Theme Park内最受游人欢迎的就是Kite Flyer，趴在360°旋转的飞艇上高速回转，绝对令人大呼刺激，是假日放松的绝佳选择。

6 光明山普觉禅寺

新加坡最大的佛教寺庙之一 ▌推荐星级 ★★★★★

攻略HOW

地址 88 Bright Hill Road Singapore 574117

交通 乘地铁在碧山站出站后换乘410号白色车牌公交车即可到达

电话 65-64534046

建于半山上的光明山普觉禅寺是新加坡传统的佛教圣地，同时也是新加坡规模最大的佛教寺庙之一。寺院内雄伟壮观的大悲殿是祭祀观音菩萨的地方，金碧辉煌。外观为船舶造型的纪念堂气势宏伟，四层无相殿中供奉的巨大佛像高14米，宝相庄严的释迦牟尼佛不怒自威，是全亚洲最大的室内铜像，佛像前的佛陀舍利则是普觉禅寺镇寺之宝。

7 莲山双林禅寺

历史悠久的佛教寺院 ▌推荐星级 ★★★★

　　供奉佛陀释迦牟尼的莲山双林禅寺是一座传统中国风格的寺院，寺内布局雄伟，亭台楼阁则颇具中国园林艺术的美感。在莲山双林禅寺内的天王殿中供奉着地藏菩萨与护法伽蓝神关圣帝君，主殿大雄宝殿则供奉着宝相庄严的释迦牟尼佛、药师佛和阿弥陀佛，是一处历史悠久，香火旺盛的佛教寺院。

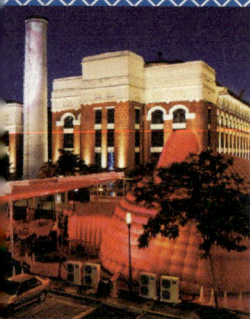

港湾13

PLAY
好玩
185

BUY
好买
191

好玩

1 St.James Power Station

从火力发电厂改建而来的大型娱乐城 ▓推荐星级 ★★★★

　　St.James Power Station是新加坡港湾地区最著名的娱乐城，正如其名，这里原本是新加坡的一座火力发电厂，其斑驳的红墙和高耸的烟囱仿佛还在向人们述说着这里过去的样貌。现在这座超大型的夜店集合体里包含了九家风格不一的歌舞厅，而且这里出售的还是联票，不管在哪一家歌舞厅买票，都可以任意进入其他8家，这使得很多人一晚上都沉醉其中，一直舞到筋疲力尽。

攻略HOW

地址 3 Sentosa Gateway
交通 乘地铁在港湾站E出口出站
电话 65-62707676
门票 12新元

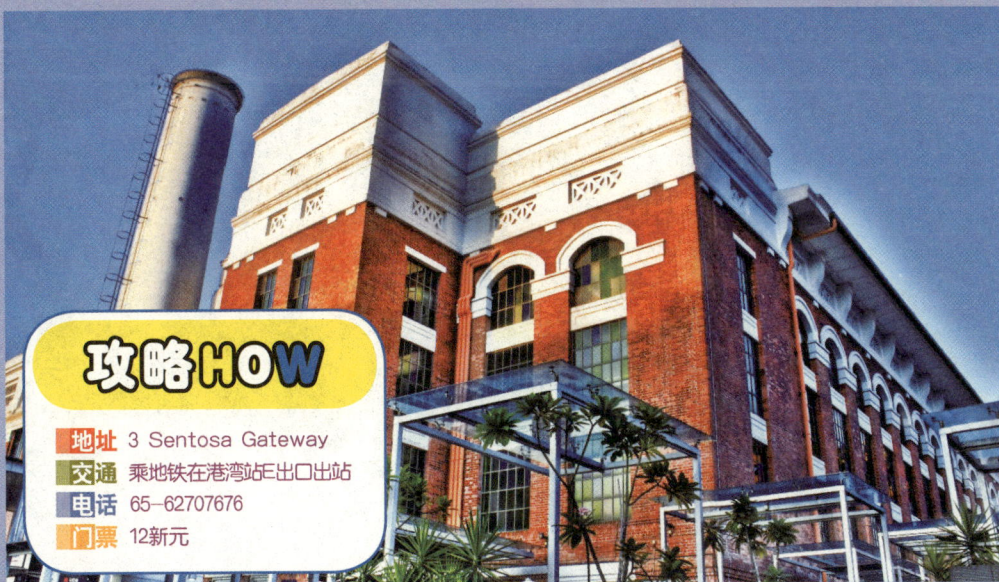

② 拉柏多神秘隧道

英国殖民者修筑的地下隧道 推荐星级 ★★★★

拉柏多海滨公园是新加坡最为神秘的地方，说它神秘倒不是因为地处海边的它充满了大海的神秘感，而是因为这里拥有一条神秘的地下隧道。早在19世纪时，拉柏多海滨公园所在的地区是英国殖民者的防卫基地，至今地面上还能看到不少当年的军事设施。而神秘隧道就位于公园的地下，走进隧道，布满青苔的墙面显出悠久的历史。这条隧道当年主要通往军火库，至今还能清楚地看见"二战"时期炮火轰炸的痕迹，让人们对那段历史有一个深刻的体验印象。

攻略HOW

地址 Labrador Villa Road
交通 乘地铁在港湾站A出口出站后在Telok Blangah Rd.换乘10、30、61、143、176、188号公交车在Opp PSA Bldg站下车
电话 65-63396833
门票 8新元

3 花柏山缆车站

形似珠宝盒的缆车站 ▋ **推荐星级** ★★★★★

攻略HOW

地址 109 Mount Faber Road
交通 乘地铁在港湾站B出口出站后在港湾缆车大厦乘坐缆车在花柏山站下车
电话 65-62708855
门票 10.9新元

　　在新加坡有一条非常有名的空中缆车旅游线，游人们可以搭乘着空中缆车来往于各个车站之间，从高空俯瞰新加坡的美景，别是一番享受。而位于花柏山的珠宝盒缆车站则是其中最为引人注目的一处。缆车站位于花柏山山顶，从这里可以通往著名景点圣淘沙岛。车站周围遍布着郁郁葱葱的棕榈树林，而车站本身外观也用玻璃覆盖，在阳光下闪闪发光，所以被人们称作"珠宝盒"。同时每到周末这里还特别提供浪漫的晚餐，供情侣们度过二人世界，据说这里还是全新加坡求婚成功率最高的地方。

4 花柏山风景公园

一览新加坡南部风光 ▊推荐星级 ★★★★

攻略HOW

地址 Kampong Bahru Road 与Telok Blangah Road交会处

交通 乘地铁在港湾站B出口出站后在港湾缆车大厦乘坐缆车在花柏山站下车

花柏山风景公园位于新加坡南部，修建在风光无限的花柏山上。其中海拔105米的花柏山山顶是整个公园的制高点，站在这里可以将整个新加坡南部的景色尽收眼底。同时这里还有一个花木围绕的多层平台，平台上的箭头指向新加坡大多数旅游景点。从花柏山山顶下来，通过一条花丛走道就可以来到海事村，这里是公园的游乐园，以一条古代帆船为中心，开辟出了很多供小孩子们玩耍的地方，此外在享受童年乐趣的同时还能在这里的餐饮区饱餐一顿。

5 南部山脊

连接南部各景点的步道 ▉推荐星级 ★★★★

攻略HOW

▉交通 乘地铁在港湾站D出口出站

　　南部山脊是位于新加坡南部的一条步行旅游道路，这条步道好像栈道一样修建在群山之间，将新加坡南部各个旅游景点连接在一起，将这些原本孤立的一座座公园和景点有机地整合在一起。在这条长达9公里的步道沿线，设计者别出心裁地通过悬在高空的步道、自然小路和桥的混合使用，开辟出了一个非常吸引人的空间，游人们可以尽情地体验自然风光，感受大自然带来的美。正如它的设计师所说的那样，南部山脊就像一条项链，穿起了新加坡南部各个有如宝石一般的美妙景点。

好买

Ⅰ 怡丰城

新加坡国内最大的一站式购物中心 ▌推荐星级 ★★★★★

　　怡丰城位于新加坡港湾地区，这里是新加坡国内最大的一站式购物中心，同时也位列亚洲十大购物中心之一。这里沿着大海而建，流线型的白色屋顶好像风帆一般，和海洋的主题十分契合。怡丰城内共有建筑面积150万平方米，商铺300余家，分列于地下二层和地上三层，地底还有7层的停车场，霸气十足。而且这里的租户其中80％都是老字号，信誉卓著，同时也富于创新，有很多让人耳目一新的新产品。除了购物外，餐饮、娱乐等设施一应俱全外，还能让人享受最完备的休闲乐趣。

攻略HOW

地址 1 Harbour Front Walk
交通 乘地铁在港湾站E出口出站
电话 65－63776868

1 购物区　创意十足的各色商品

　　在怡丰城的购物区内能找到来自世界各地的知名品牌，不管是时装、首饰还是奢侈品应有尽有，价钱也从平民化的几新元的吊带到数千数万新元的精品服饰都有，适合各个阶层的人前来购物。同时，这里一向以创意为重，不论是多小的店面，只要有好的创意，一样能在这里生存下去，因此这里出售的货品也都是创意十足，让人颇感新鲜。

2 美食广场　品尝来自世界各地的美食

　　怡丰城在出售各种货品的同时，也有很多提供世界各地美食的餐厅。其中更有不少富含新概念的新式餐厅，比如来自中国香港的茶餐厅"金叻利"，各种食品均只需10新元；西式咖啡座White Dog Café，由日本餐厅经营；还有马来西亚的鸡肉饭馆Chicken Rice Shop。有这么多品种繁多的餐厅，不管是哪个饕餮之客都可以满意而归。

3 屋顶公园　建于屋顶的大型公园

　　怡丰城在利用空间方面自有独到的方式，每一层楼的空间都被很好地利用了起来，建设了不少户外设施。在顶楼就开辟了屋顶公园，这里规划出了步行道、户外阶梯剧场及游戏水池等，还摆放着不少很具艺术感的卡通人物像。特别的是这里还有一片小型的沙滩，让人们在这里也能享受到愉快的海边乐趣。

14 圣淘沙

14 圣淘沙

PLAY

好玩

I 圣淘沙空中缆车

新加坡著名的旅游线路 ▌推荐星级 ★★★★★

　　圣淘沙空中缆车既是连接新加坡城区与圣淘沙岛的交通工具，又是一条能够领略各种美好风光的旅游线路。乘坐缆车出发，首先能够看到新加坡繁华的都市风光，还能俯瞰波涛起伏的蓝色海面，而圣淘沙岛上优美的自然风光，也能够一点点地呈现在游客面前，各种美丽的景观尽收眼底。乘坐圣淘沙空中缆车的最佳时段是黄昏，游客们可以一边品尝风味佳肴一边观看落日余晖，非常具有浪漫气息，因此深受情侣们的欢迎。

攻略HOW

■**交通** 乘地铁在港湾站E出口出站后在圣淘沙轻轨站即可乘坐
■**门票** 11.9新元

② 音乐喷泉

圣淘沙岛上最著名的景点之一 ▍推荐星级 ★★★★★

攻略HOW

地址 The Merlion Sentosa Singapore

交通 乘地铁在港湾站E出口出站后在圣淘沙轻轨站换乘轻轨前往圣淘沙岛，在岛上乘循环公交车蓝线

　　音乐喷泉是圣淘沙岛上的名景，它会在每天的黄昏时分开始表演。到了夕阳西下的时候，高低起伏的水流会在音乐的伴奏下翩翩起舞，这种奇妙的表演吸引了游人们关注的目光。音乐喷泉在进行表演的同时还会用激光照射在水幕上，让围观的群众欣赏到颇有趣味的影视片段。这其中既有中国的神话传说，也有西方的奇幻故事，当然也不乏新加坡及东南亚地区流行的各种音乐舞蹈和民间习俗活动。

3 圣淘沙胡姬花园

风景优美的综合性公园 ▌推荐星级 ★★★★

攻略HOW

地址 Sentosa Orchild Gardens,Sentosa, Singapore

交通 乘地铁在在港湾站E出口出站后在圣淘沙轻轨站换乘轻轨前往圣淘沙岛，在圣淘沙岛上乘循环公交车在胡姬花园站下车

圣淘沙胡姬花园里的景色优美，那里鲜花遍布，芳香四溢，来到这里的游人们能够体验到别样的浪漫风情。瞭望塔是公园内最著名的景点，在那里可以俯瞰岛上的诸多美景，也能远眺波澜壮阔的海洋。圣淘沙胡姬花园里的环境良好，里面的诸多建筑风格古朴典雅，与周围花团锦簇的氛围相得益彰，特别适合拍照留念，因此也成了新加坡著名的婚纱摄影地。游客走累了，还可以到日式餐厅里休息和品尝美食。

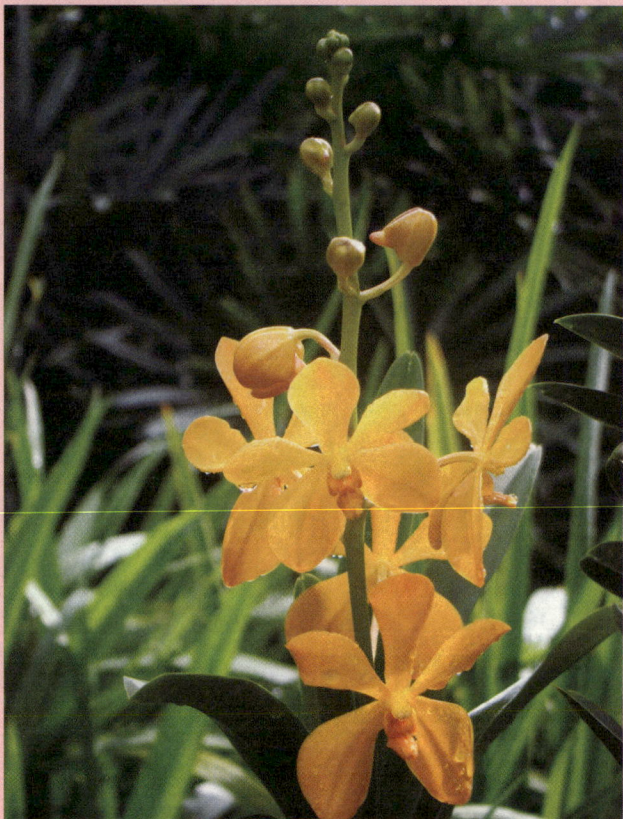

Song of the Sea

充满奇幻色彩的主题剧场 ▌推荐星级 ★★★★★

攻略HOW

地址 Beach Station

交通 乘地铁在港湾站E出口出站后在圣淘沙轻轨站换乘轻轨前往圣淘沙岛，在岛上乘公交车蓝线、黄线在Beach Staton站下车

门票 6新元

Song of the Sea是圣淘沙岛上著名的表演场所，它以海洋为舞台，运用了各种先进的声光音效等手段，给观众带来了一场难以忘怀的精彩演出。这段奇幻色彩的演出讲述了主人公为营救公主而克服千难万苦的事迹，它取材于脍炙人口的童话故事。剧场会根据情节的需要，将盛大的焰火、激光字幕和图像、喷泉舞蹈以及电脑合成影像一一展现在观众面前，同时还会奏响渲染气氛的音乐，因此深受游客们的好评。

5 鱼尾狮像塔

圣淘沙的象征 ▍推荐星级 ★★★★★

鱼尾狮像塔是圣淘沙岛上最著名的景点，不但享誉新加坡，在整个东南亚诸多景点中也算颇有名气的。该塔是新加坡最高的自由式建筑，塔身瘦削而挺拔，塔顶的鱼尾狮是这里的象征，塔下的小道也算因此得名的。鱼尾狮身上的鳞片可以自由地变换色彩，尤其是到了夜间，它所散发出来的光芒，吸引全岛游人的目光。鱼尾狮像塔内还收藏了诸多珍宝供人参观，而水族箱内那些正在欢快地游动的热带鱼类，又是这里的另一大特色。

攻略HOW

地址 圣淘沙岛西北部

交通 乘地铁在港湾站E出口出站后在圣淘沙轻轨站换乘轻轨前往圣淘沙岛，在圣淘沙岛上乘循环公交车蓝线

1 鱼尾狮像塔小径 适合漫步的小道

　　鱼尾狮像塔小径是因为靠近著名的圣淘沙鱼尾狮像塔而得名的，沿途的景点众多，因而吸引了无数游客在这里行走游玩。漫步在小道上，首先能够看到的就是著名的鱼尾狮像塔优美的身姿和变幻万千的鱼尾狮像，也能看到享誉全岛的音乐喷泉，每当水流翩翩起舞或者放射出五彩光芒的时候，都会令人惊叹不已。鱼尾狮像塔小径最吸引人的地方，是这里收集与新加坡鱼尾狮有关的各种故事传说。

6 摩天塔

圣淘沙岛的制高点 ▍ **推荐星级** ★★★★★

攻略HOW

地址 圣淘沙空中缆车站前方

交通 乘地铁在港湾站E出口出站后在圣淘沙轻轨站换乘轻轨前往圣淘沙岛，在圣淘沙岛上乘循环公交车蓝线或绿线在Cable Car站下车

门票 12新元

　　摩天塔是圣淘沙岛上的著名景观，游人登到塔顶就可以将整座小岛优美的风景尽收眼底，无论是林木葱茏的公园，还是人流涌动的海滩，在这里都清晰可见。这里的观景平台是全岛最高的，当游客们乘坐飞速上升的电梯的时候，可以看到远方的景观一点点地呈现在自己的面前。摩天塔的独特之处在于顶部的观景平台会自行旋转，里面的游客能够纵览海岛上的美丽风景，也能眺望远方的各种景色。

7

蝴蝶公园

蝴蝶纷飞的公园 ▌推荐星级 ★★★★

攻略HOW

■**地址** 51 & 51A Cable Car Road Sentosa

■**交通** 乘地铁在港湾站E出口出站后在圣淘沙轻轨站换乘轻轨前往圣淘沙岛，在圣淘沙岛上乘循环公交车

■**门票** 10新元

蝴蝶公园是新加坡种类繁多的主题公园中最独特的一处，它兼具了科研、科普、旅游、休闲与动物保护等多种功能。蝴蝶公园里的环境优美，林木葱茏，鲜花遍地，空气中弥漫着芬芳的气息，一只只美丽的蝴蝶就在这里翩翩起舞。春天是观赏蝴蝶的最佳季节，这种美妙的精灵会在阳光的照射下尽情地展现自己的身姿，它们优美的飞行舞蹈和绚丽的花朵相得益彰，令人赞叹不已。

8

昆虫王国博物馆

独特的昆虫展览馆 ▌推荐星级 ★★★★

攻略HOW

■**地址** 51 & 51A Cable Car Road Sentosa

■**交通** 乘地铁在港湾站E出口出站后在圣淘沙轻轨站换乘轻轨前往圣淘沙岛，在圣淘沙岛上乘循环公交车

■**门票** 10新元

昆虫王国博物馆是新加坡最受欢迎的博物馆之一，它是以展出千奇百怪的昆虫生物而扬名的。昆虫洞穴是这里最著

名的景点，它全长70余米，里面的光线是由飞舞着的萤火虫所提供的，各种昆虫应有尽有，游客们在这里可以与那些平常难得一见的昆虫亲密接触。来到昆虫王国博物馆能具体了解不同种类昆虫的情况，还能观看到奇妙的昆虫表演，既有含有竞技元素的昆虫比赛，也有精彩的昆虫舞蹈。

9 新加坡万象馆

新加坡的历史博物馆 ▌**推荐星级** ★★★★

新加坡万象馆是介绍新加坡历史的主题展馆，这里拥有现代化的声光手段，能够让游客们身临其境地了解狮城的传奇历史。这里从新加坡的拓荒时期说起，并还原当时原住民的生活状态。从马来柔佛王国统治时期开始，其后的英国殖民时期、日本占领时期、"二战"后及新加坡独立之后等不同时代的历史重要事件都可以在这里看到，此外游人在这里还能了解到新加坡居住的不同民族间流传的各种神话传说和民间故事。

攻略HOW

地址 40 Imbiah Road
交通 乘地铁在港湾站E出口出站后在圣淘沙轻轨站换乘轻轨前往圣淘沙岛，在圣淘沙岛上乘循环公交车
电话 65-62793284
门票 10新元

10 圣淘沙4D魔幻影院

充满刺激的梦幻之旅 ▌推荐星级 ★★★★

圣淘沙4D魔幻影院是时下新加坡最受欢迎的景点之一，这里运用的现代的声光影音等手段，能让观者获得身临其境的感受。这里的座位是经过特制的，它会根据剧情的发展做出不同的反应，时而摇摆不停，时而喷洒出清凉的水珠，能够让观众置身于影片中那光怪陆离的世界，与主人公产生共鸣。这家影院吸引了来自各地的观众，能让他们获得非同一般的观影感受。

攻略HOW

地址 Sentosa 4D Magix Theatre,Sentosa
交通 乘地铁在港湾站E出口出站后在圣淘沙轻轨站换乘轻轨前往圣淘沙岛，在圣淘沙岛上乘循环公交车
门票 16新元

11 新世纪奥妙高尔夫球场

独特的迷你高尔夫球场 ▌推荐星级 ★★★★

攻略HOW

地址 11 Siloso Road Sentosa Singapore
电话 65-62752011
门票 8新元

新世纪奥妙高尔夫球场是新加坡最著名的高尔夫球场，虽然场地不大，但这座高尔夫球场各种设施却一应俱全，特别适合朋友间聚会休闲和初学者练习。这座独特的迷你高尔夫球场有着别具一格的地形设计，18个球洞每一个都是考验球手技术的试金石。此外，新世纪奥妙高尔夫球场也同时面向老人和儿童开放，无论什么年龄段的高尔夫爱好者，都能在这里体验到高尔夫这项运动的乐趣。

12 香灰莉园

充满着休闲气息的公园 ▌推荐星级 ★★★★

香灰莉园是圣淘沙岛上最具有休闲气息的公园，这里是游人们放松身心，与大自然亲密接触的好地方。这个公园里最著名的景点，当属那个巨大的香灰莉古树，它枝繁叶茂，每到开花的时候就会布满淡黄色的花朵，香气四溢，令人不忍离去。大树下的草坪如绒毯般柔软，许多当地的居民都会在树下的林荫地里进行野餐聚会，也有人在这里躺下休憩。公园里的湖泊有鱼儿在游弋，给安宁恬静的园区增添了一丝活力。

攻略HOW

地址 Enchanted Grove of Tembusu Sentosa Singapore
交通 乘地铁在港湾站E出口出站后在圣淘沙轻轨站换乘轻轨前往圣淘沙岛，在圣淘沙岛上乘循环公交车

13 新加坡海底世界

新加坡最大的海洋馆 ▌推荐星级 ★★★★★

攻略HOW

地址 80 Siloso Road
交通 乘地铁在港湾站E出口出站后在圣淘沙轻轨站换乘轻轨前往圣淘沙岛，在岛上乘公交车蓝线、红线在海底世界站下车
电话 65-62750030
门票 19.9新元

新加坡海底世界是东南亚最大的海洋馆，来到这里的游客们不仅能够看到形态各异的海洋生物，还能看到精彩的动物表演。范克夫水族馆是各种海洋生物会聚的地方，这里既有五彩斑斓的热带鱼类，也有形象怪异的海底生物，它们大都聚集在珊瑚礁石之中，而迅捷凶猛的鲨鱼会不时地巡游而过。"触摸池"是这里最有特色的地方，游人们可以亲自触碰海盘车、海参等多种海洋生物，这种机会是别处难有的。

14 海豚乐园

新加坡海底世界里最热门的场馆 ▌推荐星级 ★★★★★

地址 80 Siloso Road

交通 乘地铁在港湾站E出口出站后在圣淘沙轻轨站换乘轻轨前往圣淘沙岛，在岛上乘公交车蓝线、红线在海底世界站下车

电话 65-62750030

门票 19.9新元

海豚乐园是新加坡海底世界里人气最旺盛的场馆，游客们不仅能看到精彩的水上演出，还能与这水中精灵做亲密接触。这里的独特之处就在于它完美地模拟了海豚的生存环境，游客们都是站在沙滩上观看各种表演的。海豚乐园里海豚表演有很多种，既有传统的背负潜水员急速游行和下潜，也会召开演唱会，让来到这里的人们，聆听那天籁之音。

⑮ 西乐索炮台

新加坡著名的海上炮台 ▌推荐星级 ★★★★★

　　西乐索炮台是新加坡现存的军事要塞中保存最完好的一座，各种军用设施一应俱全，游客们在这里可以略窥新加坡的历史。这座炮台是由英国殖民者建造的，本是用于封锁附近海域的战术支点，在"二战"中被日军改建为监狱，关押的是反抗侵略者的仁人志士。西乐索炮台最引人注目的地方是那些古老的大炮，它们保存完好，是拍照留念的好地方。这里还有专门的展览室，详细地介绍了该炮台的传奇历史。

攻略HOW

地址 圣淘沙岛最西端

交通 乘地铁在港湾站E出口出站后在圣淘沙轻轨站换乘轻轨前往圣淘沙岛，在圣淘沙岛上乘循环公交车

门票 8新元

16 西乐索海滩

进行各种沙滩运动的胜地 ▮ 推荐星级 ★★★★

攻略HOW

地址 203 New Bridge Road

交通 乘地铁在港湾站E出口出站后在圣淘沙轻轨站换乘轻轨前往圣淘沙岛，在圣淘沙岛上乘循环公交车

西乐索海滩是圣淘沙岛上的三大海滩之一，这里是以举行各种沙滩和海洋运动而闻名的。这里的活动多种多样，游人们可以乘坐快艇感受劈波斩浪的刺激，也能驾驶帆船与大海一争高下，当然也能潜入水中去探寻神秘的海底世界。西乐索海滩还是年轻人聚集的地方，因为这里是新加坡最早举行沙滩排球比赛的地方，所以在这里举办的沙滩排球比赛是如火如荼。当然，这里也少不了各种酒吧和咖啡馆，还有出售风味小吃的餐厅。

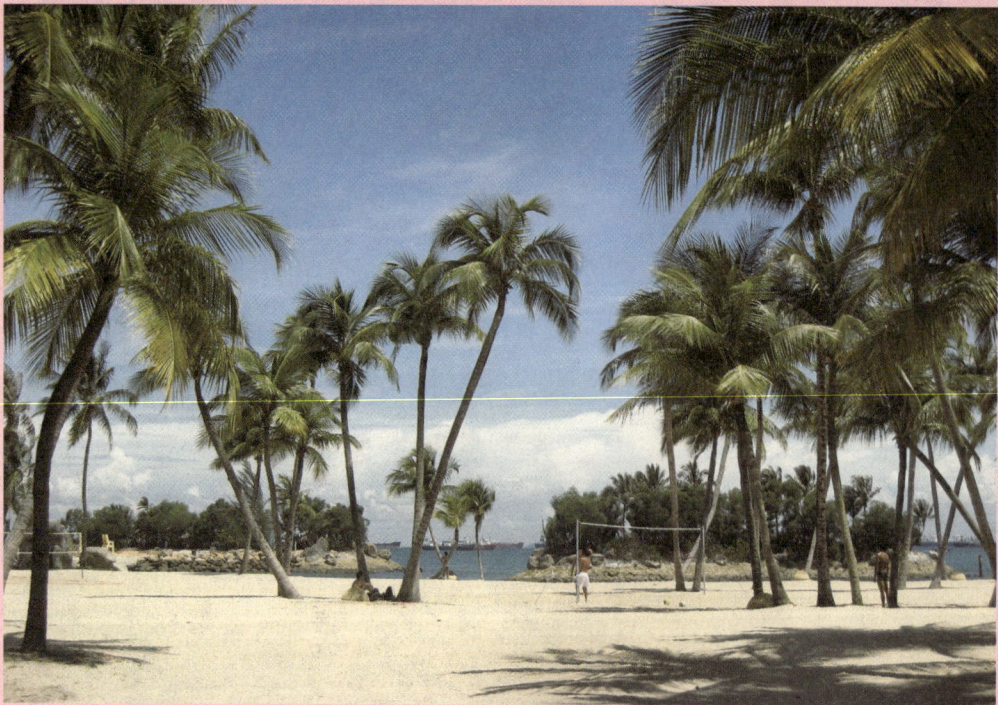

17 丹戎海滩

新加坡著名的情侣海滩 ▌推荐星级 ★★★★★

攻略HOW

地址 Palawan Beach, Sentosa Singapore

交通 乘地铁在港湾站E出口出站后在圣淘沙轻轨站换乘轻轨前往圣淘沙岛，在圣淘沙岛上乘循环公交车黄线或红线在Dolphin站下车，或乘坐海滩火车在Palawan Beach站出站

　　丹戎海滩是圣淘沙岛上最具浪漫气息的地方，这里没有别处那热闹喧嚣的氛围，能够给人一种安宁祥和的感觉。白天的时候，游人们可以坐在树下，一边品尝着冰爽的饮料，一边放松劳累的身心，也能慵懒地躺在沙滩上闭目养神。到了黄昏时分，火红的太阳徐徐坠入大海的时候，天地间所呈现出的华美的色彩，令人惊叹不已。入夜之后，满天星斗与渔船上的点点灯火相映成趣，给这里带来了无法用语言来形容的独特感受。

18 亚洲大陆最南端

独特的地理景观 ▌推荐星级 ★★★★★

攻略HOW

地址 巴拉湾海滩附近
交通 乘地铁在港湾站E出口出站后在圣淘沙轻轨站换乘轻轨前往圣淘沙岛，在圣淘沙岛上乘循环公交车黄线或红线在Dolphin站下车，或乘坐海滩火车在Palawan Beach站出站亚洲大陆最南端位于巴拉湾海滩的一个小岛上，那里景色优美，对面隔海相望的就是全球第三大岛——加里曼丹岛。要想前往地处亚洲大陆最南端的这座小岛必须要先经过一条狭长的木质吊桥，过桥时脚下摇摇晃晃的颇有一番紧张刺激的感受。岛上最醒目的地方就是一座观景台，但却是整个亚洲大陆最南端的标志物，堪称真正的"地之角"。不远万里来到这里的游人们都会选择站在上面摄影留念，此外在岛上还可以看到碧波万顷的大海，感受水天一色的壮观景象。

圣淘沙

19 巴拉湾海滩

圣淘沙最为热闹的景区之一 ▎推荐星级 ★★★★

攻略HOW

地址 Tanjong Beach, Sentosa Singapore

交通 乘地铁在港湾站E出口出站后在圣淘沙轻轨站换乘轻轨前往圣淘沙岛，在圣淘沙岛上乘循环公交车黄线或红线在Dolphin站下车，或乘坐海滩火车在Tanjong Beach站出站

巴拉湾海滩是近年来新开发的一个旅游景点，但是它以其独特的魅力吸引了来自世界各地的游客。这里最具吸引力的地方不是波涛起伏的海岸，而是一座专门进行戏剧表演的露天剧场，许多家长都是特意带着自己的孩子前来此处，观看精彩的演

出。该剧场许多场次都安排了各种动物明星进行精彩的表演，那些充满幽默色彩的剧目，深受不同年龄段的观众的欢迎。巴拉湾海滩附近的餐馆众多，游客们可以在此品尝世界各地的风味佳肴。

20 名胜世界娱乐场

新加坡第一座对外开放的赌场 ▌推荐星级 ★★★★★

新加坡第一座对外开放的赌场——名胜世界娱乐场内部装饰都是令人心情愉悦的橘红配色，拥有超过500张赌桌、19种桌牌游戏、上千台老虎机，各种桌牌游戏令人大呼过瘾，而场内餐饮也是丰富多彩，应有尽有。

攻略HOW

地址 8 Sentosa Gateway, Sentosa Island

贴士 外国游客需出示护照才可入场

21 新加坡环球影城

全世界第四座环球影城 ▌ 推荐星级 ★★★★★

位于圣淘沙岛上的新加坡环球影城是全世界第四座环球影城，共分为纽约、好莱坞、古埃及、科幻城市、遥远王国、马达加斯加和失落的世界七个主题区域，这里所有的游乐项目和景观都取材自热门电影，可以和恐龙、史瑞克、变形金刚等电影中的人气明星亲密接触，合影留念，是一个充满梦幻色彩的主题娱乐城。

攻略HOW

地址 8 Sentosa Gateway, Sentosa Island
门票 66新元

1 木乃伊复仇记 古埃及被诅咒的木乃伊

乘坐过山车穿行过程中，会经过一片漆黑的洞穴，高速翻转的同时，游人还可以看到眼前不断出现的各种怪物和木乃伊，惊声尖叫中绝对会经历这一生中最恐怖的"盗墓惊魂"。

② 侏罗纪河流探险　迷失在侏罗纪公园内

乘坐橡皮艇顺着水流向前就会进入电影《侏罗纪公园》内的场景，湍急的水流，以及热带雨林中狂暴的恐龙，又一次紧张刺激的探险之旅等待着游人加入。

③ 太空堡垒双轨过山车　全世界最大的双轨过山车

太空堡垒双轨过山车的设计灵感来自热播的电视剧——《太空堡垒卡拉狄加》，这座全世界最高的双轨过山车有两种玩法，可以选择座椅式或悬挂式。此外，还有根据《变形金刚》这部全球热播大片设计的全新过山车，是2011年环球影城内最新、最刺激的娱乐项目。

④ 遥远王国　奢华的梦幻王国

遥远王国仿佛一座奢华的梦幻城堡，在这里有国王、多话驴、菲欧娜与史瑞克等人气角色，在4D电影院内还可以同这些影片中的角色一同经历童话故事般的冒险旅程。

22 生之旅

别具特色的摇滚马戏舞台剧 ▌推荐星级 ★★★★

攻略HOW

■**地址** 8 Sentosa Gateway, Sentosa Island

■**门票** 68新元

由世界知名的创作人Mark Risher为名胜世界设计的常驻节目——《生之旅》是一部由新加坡籍的梁伟矿（Jonathan Leong）担任主角，与国际马戏巨星Vikor Kee、Aurelia Cats、Jarrett & Raja一同出演的摇滚马戏舞台剧，华丽的舞台服装和充满魔幻色彩的舞台特效令人叹为观止。

14 圣淘沙

BUY

好买

I 节庆大道

好吃好玩好买 ▌推荐星级 ★★★★

攻略HOW

地址 8 Sentosa Gateway, Sentosa Island

　　节庆大道沿街两侧汇集了知名品牌专卖店、60余家美味餐厅和西式咖啡屋、酒吧，除了CHANEL、Chopard、Swisswatch Gallery等世界知名的品牌外，这里还有美国内衣品牌Victoria's Secret，以及Chihuly Gallery、Michael Graves精品店等，适合逛街休闲。

新加坡

EAT PLAY BUY
好吃 好玩 真好买

编辑部

《好吃好玩》编辑部

执行主编：兰亭 苏林

编写组成员：

陈永	陈宇	崇福	褚一民
付国丰	付佳	付捷	管航
贵珍	郭新光	郭政	韩成
韩栋栋	江业华	金晔	孔莉
李春宏	李红东	李濛	李志勇
廖一静	林婷婷	林雪静	刘博文
刘成	刘冬	刘桂芳	刘华
刘军	刘小风	刘晓馨	刘艳
刘洋	刘照英	吕示	苗雪鹏
闵睿桢	潘瑞	彭雨雁	戚雨婷
若水	石雪冉	宋清	宋鑫
苏林	谭临庄	佟玲	王恒丽
王诺	王武	王晓平	王勇
王宇坤	王玥	王铮铮	魏强
吴昌晖	吴昌宇	武宁	肖克冉
谢辉	谢群	谢蓉	谢震泽
谢仲文	徐聪	许睿	杨武
姚婷婷	于小慧	喻鹏	翟丽梅
张爱琼	张春辉	张丽媛	赵海菊
赵婧	朱芳莉	朱国樑	朱俊杰

责任编辑：王　颖
装帧设计：城市地标
责任印制：闫立中

图书在版编目（ＣＩＰ）数据

新加坡好吃好玩真好买 ／《好吃好玩》编写组编著
. —— 北京 ：中国旅游出版社，2011.8
（好吃好玩系列）
ISBN 978-7-5032-4230-4

Ⅰ．①新… Ⅱ．①好… Ⅲ．①旅游指南-新加坡
Ⅳ．①K933.99

中国版本图书馆CIP数据核字(2011)第160602号

书　　名：新加坡好吃好玩真好买

编　　著：《好吃好玩》编写组
出版发行：中国旅游出版社
　　　　　（北京建国门内大街甲9号　邮编：100005）
　　　　　http://www.cttp.net.cn　E-mail:cttp@cnta.gov.cn
　　　　　营销中心电话:010-85166507　85166517
经　　销：全国各地新华书店
印　　刷：北京金吉士印刷有限责任公司
版　　次：2011年8月第1版　2011年8月第1次印刷
开　　本：787毫米×1092毫米　1/16
印　　张：13.5
印　　数：1-8000册
字　　数：250千
定　　价：39.8元

ISBN 978-7-5032-4230-4